Printed in the United States
By Bookmasters

بسم اللـه الرحمن الرحيم

فاعلية الأداء المؤسسي في المدارس الثانوية

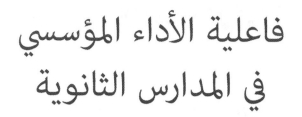

فاعلية الأداء المؤسسي
في المدارس الثانوية

تأليف
الدكتور مفضي عايد المساعيد

المملكة الأردنية الهاشمية

رقم الإيداع لدى دائرة

المكتبة الوطنية

(2009/7/3146)

371.2

المساعيد ، مفضي

فاعلية الأداء المؤسسي للمدارس الثانوية الحكومية/مفضي عايد المساعيد

عمان : دار جليس الزمان 2009.

(   ) ص .

ر.أ.: (2009/7/3146)

الواصفات : / الإدارة التربية//الإشراف التربوي//التعليم الثانوي//المدارس العامة

- أعدت دائرة المكتبة الوطنية بيانات الفهرسة والتصنيف الأولية

ردمك ISBN 978-9957-81-021-4

الطبعة الأولى

2010

الناشر

دار جليس الزمان للنشر والتوزيع

شارع الملكة رانيا- مقابل كلية الزراعة- عمارة العساف- الطابق الأرضي, هاتف:

009626 5343052 -- فاكس 0096265356219

فهرس المحتويات

الفصل الرابع (نتائج الدراسة)

الفصل الخامس (مناقشة النتائج والتوصيات)

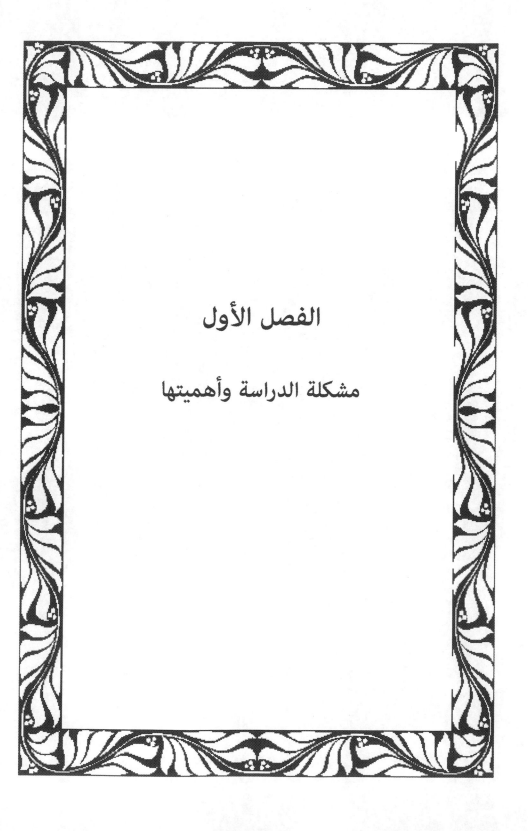

الفصل الأول

مشكلة الدراسة وأهميتها

المقدمة

يمكن أن نؤرخ لبدء الدولة العصرية مع بدء ظهور المؤسسات، بما تعكسه من أنظمة وقوانين وتشريعات وتقاليد وقيم وأخلاقيات تحكم العمل وتنظم العلاقات بين المؤسسة والعاملين فيها، وبين المؤسسة والمجتمع الذي تتفاعل معه وتخدمه، ويمكن الافتراض أنه مع تقدم المجتمعات وظهور دولة المؤسسات في تلك المجتمعات أخذت تتراجع المجتمعات التي تحكمها العلاقات القائمة على الإقطاع ويسود فيها روح القبيلة أو العشيرة وما تفرزه من علاقات بين شيخ القبيلة أو العشيرة الذي يمتلك القوة والسلطة والحكمة، وبين أفراد القبيلة أو العشيرة الذين يمتثلون لتلك السلطة ويفتقرون إلى الحكمة (الخطيب، 2006، ص234).

وتفتقر كثيرا من المؤسسات الحكومية إلى منهج التعامل بروح المؤسسية التي نطمح إليها، ولا تكاد هذه المؤسسات تتعدى اسم الدائرة الحكومية وليست المؤسسة، فالمؤسسة تضع على سلم أولوياتها الاستمرارية والشراكة والمسؤولية والموضوعية والمعيارية والشفافية والشمولية والتكامل والإصلاح، وهذه الخصائص مجتمعة تشكل ما يسمى بالعمل المؤسسي- الذي إليه يُطمح، وعند الحديث عن المؤسسات الحكومية ليس بالاستطاعة الحديث بمعزل عن المؤسسة التربوية، وأهم مؤسسة تربوية هي المدرسة التي هي أمس حاجة إلى العمل بروح المؤسسية. فغياب مدير هذه المؤسسة أو تلك يفترض أن لا يشكل فراغا، وأن لا تدب فيها الفوضى وتتفشى- فيها اللامسؤولية واللامبالاة، لا بل أن بعض المسؤولين يعتبر المؤسسة التي يعمل بها ملكا خاصا له، وللأسف هذا ما يحدث في المؤسسات التربوية، من هنا يأتي الحرص على بث هذه الثقافة الثقافة المؤسسية، وتدريب مسؤولي الدوائر عليها لتكون مؤسسات لا دوائر.

كما أن المجتمعات التي استطاعت أن تبني دولة المؤسسات استطاعت أن تقود خططها التنموية الاقتصادية والاجتماعية بمنتهى الكفاءة والفاعلية، أما المجتمعات التي بقيت تسود فيها روح القبيلة أو العشيرة لم تتمكن خططها التنموية من تحقيق أهدافها بسبب الخلل والإهدار المترتب على غياب الروح المؤسسية ونتيجة لسيادة العقلية الفردية بما يحكمها من مزاجية ومصالح فردية، وقصور ذاتي لما تفتقر إليه من رشد وموضوعية وحكمة (الخطيب، 2006، ص235).

وتعد المدرسة مؤسسة تربوية أساسية هامة، مهمتها على إختلاف مستوياتها وأنواعها، تنمية شخصية المتعلمين والعمل على تكاملها، وتربيتهم تربية شاملة ومساعدتهم على فهم أنفسهم وإشباع حاجاتهم المختلفة، وتنمية طاقاتهم المبدعة وتعهد مواهبهم ورعاية إبداعاتهم وابتكاراتهم، بحيث يكون التعليم للارتقاء والتفوق والتميز للجميع هو الهدف الأساسي لهذه المؤسسة (العبد الله، 2002، ص21).

وقد تغيرت أهداف الإدارة المدرسية واتسع مجالها في الوقت الحاضر، فلم تعد مجرد عملية روتينية تهدف إلى تسيير شؤون المدرسة سيرا رتيبا وفق قواعد وتعليمات معينة تقتصر ـ على العناية بالنواحي الإدارية، بل أصبحت تعنى بالنواحي الفنية وبكل ما يتصل بالتلاميذ وبأعضاء هيئة التدريس في المدرسة، وبالمناهج وطرق التدريس والنشاط المدرسي والإشراف الفني وتنظيم العلاقة بين المدرسة وبين المجتمع المحلي، وغير ذلك من النواحي التي تتصل بالعملية التربوية بطريقة مباشرة أو غير مباشرة. وتعتبر الإدارة المدرسية الناجحة حجر الزاوية في العملية التعليمية التربوية فهي التي ترسم الوسائل الكفيلة لمراجعة الأعمال ومتابعة النتائج متابعة هادفة مما يساعد على إعادة النظر في التنظيمات والأنشطة والتشريعات

وتعديلها وإعادة النظر في أساليب التنفيذ التي يمكن عن طريقها تحقيق الأهداف المنشودة (عطوي ، 2004، ص7).

ويواجه تطوير التعليم وتحديثه في وقتنا الحاضر الكثير من التحديات والمتطلبات، ومن أهمها وجود إدارة مدرسية علمية حديثة، متمثلة في (مدير/ناظر) المدرسة، الذي ينظر إليه على انه ممثل للسلطة، وسلوكه القيادي يمثل عنصرا حيويا في إدارة وتنظيم مدرسته. والإدارة المدرسية تعتبر جزءا من الإدارة التعليمية، وصورة مصغرة لتنظيماتها، لذلك فان وضوح الطريقة التي تدار بها وتحديد أبعادها وأساليب العمل فيها تمثل العمود الفقري لنجاح المدرسة في أداء رسالتها على الوجه المنشود. بمعنى إن نجاح النظام التعليمي يتوقف على الطريقة التي يدار بها، أي انه مرهون بمدى فاعلية الإدارة التعليمية وقدرتها على توجيه النشاط التربوي كله، وتحريكه لتحقيق الأهداف المنشودة.

والإدارة الواعية تهدف إلى تحسين العملية التعليمية والتربوية والارتفاع بمستوى الأداء، وذلك عن طريق توعية وتبصير العاملين في المدرسة بمسئولياتهم، وتوجيههم التوجيه التربوي السليم. وتحدد الإدارة المدرسية السليمة تحديدا واضحا الجوانب الفنية والإدارية في العمل بما يضمن التكامل والتوازن، بحيث لا يطغى جانب منها على الجانب الآخر.(أحمد، 1999، ص ح)

وتضم الإدارة المدرسية عمليات التخطيط والتنظيم والمتابعة والتقويم على مستوى وحدة المدرسة، وهي مسئولية جميع العاملين فيها بقيادة المدير أو الناظر. وعلى مدى التزامهم بمسئولياتهم يتوقف ما تحققه الإدارة من إنجاز ومن كفاءة وفاعلية في خريجيها. وتتطلب تلك العمليات الإدارية القدر الكافي من السمات والمؤهلات؛ إذ إن مفهوم الإدارة مركب من معرفة ومن خبرة وأخلاقيات. وإذا كان توافر هذه الرباعية مطلوبا لدى كافة المعنيين، فإن توافرها الزم ما يكون لدى

القيادة الفاعلة والمنظمة لمسيرة العمل في المدرسة. فنجاح المدرسة يعتمد في المقام الأول على ما يفعله المعلمون مع الطلاب في الفصول وليس ما يحدث داخل مكتب الإدارة وجودة القائد تعرف على انه الشخص الذي يقاس نجاحه عن طريق نجاح الأفراد في المؤسسة.

ويمكن الحكم على فاعلية المدرسة من خلال المناخ الايجابي الصحي بالنسبة لشعور الطلاب بالرضا، فيما يتعلق بالحضور، وإحساس المعلمين بالرضا تجاه عملية التدريس، وأسلوب النظام المتبع داخل المدرسة، وان العاملين في المدرسة يعملون كوحدة متكاملة لتدعيم هذه الاتجاهات، وتوفر الأمان من خلال البيئة المحيطة. وهنا يظهر دور الإدارة الجيدة المتمثلة في مساندة المدير وتتم في ضوء المدخلات المتاحة مع تحديد أهداف المدرسة تحديدا واضحا. ومن ثم فكل الأفراد يعملون سويا لتحقيق تلك الأهداف. بالإضافة إلى ذلك يوجد تقويم، وتغذية مرتدة، ومتابعة لكل فرد في المدرسة من أجل استمرارية العمل. والكل يعرف جيدا ما يتوقع منه، فيبذل ما في وسعه لتحقيق الأداء (أحمد، 2000، ص40).

وتعمل المؤسسة المدرسية على الاستخدام الأمثل للإمكانات الفنية والبشرية المتاحة لها ولمجتمعها المحلي، وتعزيز انفتاحها على المجتمع والبيئة ومؤسسات العمل والخدمات والإنتاج تحديدا للحاجات وتشخيصا للمشكلات وتبادلا للمعلومات والأفكار التجديدية وتدعيم جهودها وأنشطتها، فأي مؤسسة مدرسية تتسم بالانفتاح والمرونة ستؤدي بذلك إلى توفير أجواء مساعدة ومحفزة على التغيير والتجديد، واكتشاف آفاق المستقبل، فتتجاوب مع التطورات الإدارية والعلمية والاقتصادية والاجتماعية، كما ستتمكن من مشاركة الرأي العام والمؤسسات الإنتاجية ومؤسسات المجتمع المدني والمواطنين بعامة في القضايا والأنشطة التربوية، ودراسة ملاحظاتهم وأفكارهم واقتراحاتهم حول المسيرة

التربوية في المدرسة، وسيتم إيجاد آلية واضحة تسهم في السعي الدائم لتحسين الجودة التعليمية في المدرسة، إضافة إلى القيام بتوفير الفرص والخدمات للتحسين النوعي المستمر لجميع عناصر العملية التعليمية ورفع مستويات التحصيل، وتمكين المتعلمين من تحقيق التفوق والتميز في التحصيل الدراسي للوصول إلى المستويات العالمية، وممارسة التجديد الذاتي المستمر والمتواصل، وتنفيذ المشروعات والتجارب الريادية الإبتكارية لتطوير استراتيجيات التعليم والتعلم وأساليب التقويم، لتصبح هذه المؤسسة أكثر قدرة على معالجة قضاياها وحل مشكلاتها وتقبلها للأفكار الجديدة، وتنفيذ الخطط والبرامج التطويرية ومتابعتها متابعة علمية لتسهم إسهاما فعالا في تطوير العملية التعليمية التعلمية وتحسين الأداء ورفع الكفاءة الإنتاجية وتحقيق الجودة الشاملة فيها (العبدالله، 2002، ص25).

والأردن يسعى دائما إلى تطوير تربوي شامل خصوصا بعد عقد مؤتمر التطوير التربوي الأول عام 1987م الذي أكد على ضرورة الاهتمام باختيار القادة التربويين وتأهيلهم وتدريبهم في أثناء الخدمة، وتقويم مهامهم الإدارية والفنية (مؤتمرالتطوير التربوي الأول، 1987، ص79).

وتتسم المدرسة الفاعلة ببيئة آمنة منظمة، ذات أنظمة ترتكز على قوانين واضحة، تنمي الحرية والشمولية، وتؤكد اكتساب الطالب مهارات تعليمية أساسية، ولها دائرة مناهج تستخدم لتحقيق أهداف يتم الاتفاق عليها مسبقا، تقوم أداء الطلبة وتراقبه، تمتلك قيادة قوية، وتعليمات إدارية ولوائح يلتزم بها المدير وهيئة العاملين، وإحساس شديد بمشكلات المجتمع، والتزامات محددة للمعلمين تجاه المدرسة، تفسح المجال لمشاركة فاعلة من المعلمين في صنع القرار، ولديها أهداف واضحة وتوقعات عالية لتحصيل الطلبة، ومعرفة مدرسية واسعة بالنجاح الأكاديمي، تحرص على استخدام الوقت بفاعلية، وعدم هدره في أنشطة وفعاليات

غير أكاديمية، أما الآباء فمطلعون وداعمون للأهداف المدرسية ومسؤوليات الطلبة خاصة الواجبات البيتية (وزارة التربية، 2001، ص129).

وقد أوضح اورلسكي (Orloski,1984) وآخرون خمسة عوامل تقع ضمن المسؤولية المباشرة لمدير المدرسة وتسهم في تحقيق الفاعلية المدرسية:

1. قيادة إدارية قوية لدى مدير المدرسة وبخاصة فيما يتعلق بالمسائل التعليمية.

2. مناخ مدرسي مناسب مؤد للتعليم.

3. تأكيد المدرسة على تعليم المهارات الأساسية.

4. توقعات المعلمين بان جميع الطلبة، بغض النظر عن الأسر والبيوت التي ينحدرون منها باستطاعتهم أن يصلوا إلى مستويات مناسبة من التحصيل.

توافر نظام المراقبة أداء الطلبة وتقديره بحيث يرتبط والأهداف التعليمية (Orlosky, et. .a1, 1984: 111-112)

والفاعلية عند البرعمي (2005) يقصد بها قدرة المدرسة على تحقيق أهدافها المتوخاة وفقا للمجالات التي حددتها إدارة المدرسة وهي سلوك الطلبة، المناخ المدرسي، علاقة المدرسة بالمجتمع المحلي كل ذلك على مستوى المدرسة في حين يرى حماد (1995) أن الفاعلية المدرسية تتعلق بالصلاحية المثلى للعناصر المستخدمة بغية الحصول على الأهداف المحددة، فهي علاقة بين المدخلات وبين المخرجات والنتائج.

ومن خصائص المدرسة الفاعلة وجود مناخ مدرسي يساعد على التعلم وهو خال من المشكلات، وتركيز المدرسة على المهارات الأساسية وتوفير وقت كاف للعمل، ووجود مدير مدرسة قوي وناجح يضع نصب عينيه أهدافا واضحه ويراقب الصفوف بانتظام، ويبتكر حوافز تساعد على التدريس، وتوفر نظام يحتوي على أهداف تدريسية واضحة لتقدم الطلبة وتقويم أدائهم وتوقعات عالية لتحصيل الطلبة (صبحا، 1991).

والفعالية موضوع هام في علم الإدارة وهي ترتبط بمدى القدرة على تحقيق الأهداف المرسومة، وتقاس فعالية أي منظمة إدارية بمدى قدرتها على أنجاز الأهداف بأقل تكلفة وجهد، وتدل الفعالية الإدارية على مدى التفاعل والنشاط داخل المنظمة ومدى التعاون المثمر والفعال بين الأجزاء الإدارية. وفعالية المنظمة يعتبر معيارا لمدى نجاحها في تحقيق الأهداف وإنجازها، ,وهنا تظهر أهمية وفعالية الإداريين وقدراتهم في العمل على تحقيق الأهداف المرسومة، وتزداد فعالية المنظمات إذا شعر الأفراد أن تحقيق أهدافهم الشخصية مرتبط مباشرة بأهداف المنظمات الإدارية (نشوان، 2004، ص213).

وتحقيق الإدارة المدرسية لأهدافها مرهون ومتوقف على فاعليتها. فالمعنى الحرفي للفاعلية يشير إلى تحقيق الهدف وفي ضوء هذا المفهوم فان المعايير المستخدمة لقياس الأداء تعكس الأهداف التعليمية المهمة، هذا وتعتمد مقاييس فاعلية المدرسة على معايير ومستويات مقارنة وليست مطلقة. وإذا كان ذلك يعبر عن مفهوم الفاعلية بشكل عام، فان مفهوم فاعلية المدرسة يشير إلى أداء وحدة تنظيمية تسمى المدرسة، هذا الأداء يمكن التعبير عنه في صورة مخرجات المدرسة التي يتم قياسها في ضوء متوسط الإنجاز للتلاميذ في نهاية فترة التعليم الرسمي، وتختلف المدارس فيما بينها من حيث الأداء (المعمري، 2004، ص3).

وانطلاقا من حرص القيادة الهاشمية وعلى رأسها جلالة الملك عبد الله الثاني بن الحسين على تميز الأداء الحكومي فقد كان لجلالته الفضل في إعلان جائزة الملك عبد الله الثاني لتميز الأداء الحكومي حيث صدرت الإرادة الملكية السامية بإنشاء جائزة الملك عبد الله الثاني لتميز الأداء الحكومي والشفافية في 2002/9/4، بهدف تعزيز دور القطاع العام في خدمة المجتمع الأردني بقطاعاته كافة، ومجتمع الاستثمار عن طريق نشر ـ الوعي بمفاهيم إدارة الجودة الشاملة والأداء المتميز وإبراز الجهود المتميزة لمؤسسات القطاع العام، وعرض انجازاتها في تطوير أنظمتها وخدماتها بحيث تكون ارفع جائزة للتميز في القطاع العام، وتهدف هذه الجائزة إلى إحداث نقلة نوعية وتطوير أداء الدوائر والمؤسسات الحكومية في خدمة المواطنين الأردنيين والمستثمرين، وتعزيز التنافسية الايجابية بين المؤسسات والدوائر الحكومية بالإضافة إلى تبادل الخبرات المتميزة بين المؤسسات الأردنية ومشاركة بعضها بعضا في الممارسات الإدارية الناجحة، للوصول إلى تقديم الأفضل للأردنيين والمستثمرين المحليين والأجانب، ولعل من أهم معايير الجائزة معيار القيادة حيث أوضح جلالة الملك عبد الله الثاني في خطاب التكليف السامي لدولة السيد عبد الرؤوف الروابدة في آذار 1999 " إن الإدارة التي تستطيع تحقيق الأهداف بجدية وبكلفة اقل وزمن اقصر ـ هي الإدارة الحقيقية التي تقوم على إيجاد مؤسسات متخصصة فاعلة تعمل بروح الفريق الواحد، وتتوافر لها قيادات إدارية كفؤة نزيهة تقدم الصالح العام على أي اعتبار آخر، وتتصف بالعدالة والمبادرة والإبداع، وتركز على العمل الميداني وتتصدى للمعضلات قبل وقوعها أو حين يكون من السهل التعامل معها قبل أن تتفاقم" (رسالة المعلم، نيسان 2006، ص12).

مشكلة الدراسة

تتمثل مشكلة الدراسة في تعرّف درجة فاعلية الأداء المؤسسي ـ في المدارس الثانوية الحكومية في إقليم الشمال. وينطلق الباحث في إجراء هذه الدراسة من شعوره بوجود عدد من نقاط الضعف، وجوانب الخلل في الأداء المدرسي، لاسيما في المدارس الثانوية فهي المؤسسات التي تقع على مسؤوليتها تخريج الطلبة إلى مؤسسات التعليم العالي والى سوق العمل؛ هذا ما أكدته دراسة حداد (1993) حيث خلصت هذه الدراسة إلى أن درجة فاعلية المدرسة الثانوية الأكاديمية الحكومية في الأردن متوسطة، حيث أوصت الدراسة بوضع برامج لزيادة هذه الفاعلية وبالتالي تحسين وتطوير التعليم تمشيا مع خطة التطوير التربوي، كذلك دراسة المليحات (1993) حيث خلصت هذه الدراسة إلى أن مستوى تقديرات أولياء الأمور لفاعلية الإدارة المدرسية كانت مقبولة في مجالين من مجالات مقياس الفاعلية وعلى المقياس الكلي وهما: المجال التربوي والثقافي والمجال الاجتماعي، أما تقديرات الفاعلية لباقي المجالات وللمقياس الكلي فلم تصل إلى الحد الأدنى المقبول. وانطلاقا من تفاعل الباحث الذي يعمل مديرا لمدرسة ثانوية فانه يرى انه على وزارة التربية والتعليم في الأردن – التي تعيش مع عالم الألفية الثالثة، عصر الثورة التكنولوجية، والتطور الذي لم يسبق له نظير – أن تواكب هذا التطور وان تعايش هذا التسارع، وهذا لا يتم بأي صورة من الصور بمنأى عن تحسين الأداء الإداري وتفعيله، وبخاصة أن وزارة التربية والتعليم أخذت على عاتقها مجموعة من الإصلاحات من أهمها مشروع تفعيل منظومة التطوير الإداري في وزارة التربية والتعليم طمعا في تحسين الأداء وتطويره، وإصدار وثيقة " نحو رؤية مستقبلية للنظام التربوي في الأردن " خلال منتدى التعليم في الأردن المنعقد بتاريخ 15-2002/9/16 في عمان. كما أن إطلاق مشروع التطوير التربوي من أجل

الاقتصاد المعرفي (إرفكي ERFKEE) يمثل مواكبة للتطور العالمي وتغييرا واضحا في مختلف عناصر العملية التعليمية التعلمية.

وبما أن المدرسة هي المؤسسة التي تحتضن جيل المستقبل، وتقع على مسؤوليتها تربية الأجيال، وصقل الأجيال فهذه المؤسسة هي الأوْلى بالرعاية والتطوير من غيرها من مؤسسات الدولة الأخرى.

وعلى الرغم من أن درجة الرضا عن هذه المؤسسة التربوية الأردنية هي درجة مقبولة مقارنة بالمؤسسات التربوية في دول العالم، إلا أن الباحث يرى - انه وانطلاقا من توجهات جلالة الملك عبد الله الثاني بن الحسين الذي يطمح دائما إلى وضع الأردن في مصاف الدول المتقدمة، والذي يصل الليل بالنهار ليكون الأردن أولا ودائما – أن المؤسسة التربوية يجب أن تكون أكثر إشراقا، وأبدع إنتاجا، ومن هنا لا بد من السعي والبحث في تطوير درجة فاعلية الأداء في مؤسساتنا التربوية.

هدف الدراسة

هدفت الدراسة إلى تعرّف درجة فاعلية الأداء المؤسسي في المدارس الثانوية الحكومية في إقليم الشمال من وجهة نظر مديري المدارس ومعلميها وبيان الفروق في وجهات نظر مديري المدارس الثانوية في إقليم الشمال ومعلميها ذات الدلالة الإحصائية والتي يمكن أن تعزى إلى متغيرات الجنس والمنطقة التعليمية والمؤهل العلمي والخبرة والوظيفة.

كما وهدفت الدراسة إلى تقديم المزيد من البيانات إلى وزارة التربية والتعليم في الأردن من اجل حصر نقاط الضعف ومواطن الخلل ومحاولة علاجها قبل استفحالها.

أهمية الدراسة

على الرغم من أن هذه الدراسة ستكون واحدة من سلسلة من الدراسات التي أجريت في هذا المجال (فعالية الأداء)، إلا أن أهميتها تنبع من كونها من أوائل الدراسات التي ستطرق الباب في العشر سنوات الأخيرة، حيث أن الدراسات السابقة في هذا المجال لم تأخذ منحى شموليا، فقد كانت على مستوى المحافظات، باستثناء دراسة حداد (1993) وقد مضى على إجرائها أكثر من ثلاثة عشر عاما. وكذلك دراسة الجرادات (1995) التي اقتصرت على المدارس الأساسية في شمال الأردن، من هنا تبرز أهمية الدراسة.

أسئلة الدراسة

سعت الدراسة للإجابة عن الأسئلة التالية:

1. ما تقدير درجة فاعلية الأداء المؤسسي في المدارس الثانوية الحكومية في إقليم الشمال من وجهة نظر مديري المدارس ومعلميها؟

2. ما تقدير درجة فاعلية الأداء المؤسسي في المدارس الثانوية الحكومية في إقليم الشمال من وجهة نظر مديري المدارس ومعلميها. وفقا لمجالات الدراسة؟ والمتمثلة بالاتي:

التخطيط الاستراتيجي.

القيادة المدرسية.

التعليم أو التدريس.

تكنولوجيا المعلومات.

المناخ التنظيمي في المدرسة.

الامتحانات والاختبارات والتقويم التربوي.

العلاقة بين المدرسة والمجتمع المحلي.

3. هل توجد فروق ذات دلالة إحصائية في تقدير درجة فاعلية الأداء المؤسسي- في المدارس الثانوية الحكومية في إقليم الشمال من وجهة نظر مديري المدارس ومعلميها. تعزى للمتغيرات الديموغرافية (الجنس، المؤهل العلمي، الخبرة، الوظيفة، المنطقة التعليمية)؟

4. ما أهم المقترحات الخاصة لتطوير الأداء المؤسسي في المدارس الثانوية الحكومية في شمال الأردن من وجهة نظر مديري المدارس ومعلميها؟

التعريفات الإجرائية

الفاعلية: قدرة المدرسة على تحقيق أهدافها المتوخاة وفقا لمجالات التخطيط الاستراتيجي، القيادة المدرسية، التعليم أو التدريس، تكنولوجيا المعلومات، المناخ التنظيمي، الامتحانات والاختبارات، العلاقة بين المدرسة والمجتمع المحلي.

الأداء: قيام المدرسة بالأعمال والواجبات المكلفة بها لتحقيق الأهداف المرجوة في مجالات التخطيط الاستراتيجي، القيادة المدرسية، التعليم أو التدريس، تكنولوجيا المعلومات، المناخ التنظيمي، الامتحانات والاختبارات، العلاقة بين المدرسة والمجتمع المحلي.

الأداء المؤسسي: قيام المدرسة بواجباتها من خلال مجموعة من الأفراد بهدف تحقيق هدف أو مجموعة من الأهداف في مجالات التخطيط الاستراتيجي، القيادة المدرسية، التعليم أو التدريس، تكنولوجيا المعلومات، المناخ التنظيمي، الامتحانات والاختبارات، العلاقة بين المدرسة والمجتمع المحلي.

إقليم الشمال: هو إقليم شمال الأردن والذي يشتمل على محافظات (إربد، جرش، عجلون، المفرق) وفقا للتقسيمات الإدارية للمملكة الأردنية الهاشمية.

الفصل الثاني

الأدب النظري والدراسات السابقة

الفصل الثاني

الأدب النظري والدراسات السابقة

سوف يتعرض الباحث في هذا الفصل الادب النظري لفاعلية الاداء المؤسسي في المدارس الثانوية، كما ويتعرض للدراسات السابقة التي تحدثت في موضوع الاداء المؤسسي على المستوى التربوي في الاردن وفي العالم العربي وكذلك الدراسات الاجنبية.

الأدب النظري

إن من أهم المواصفات التي ينبغي أن تتصف بها مدرسة المستقبل، أن تكون مؤسسة حية دائمة التعلم لأنها ستعيش في عالم سريع التغير، مؤسسة منفتحة الذهن واسعة الإدراك غير منغلقة على نفسها ليست فئوية ولا إقليمية، مؤسسة واعية مدركة للقوى التي تعمل في المجتمع وتغيره في الحال، مؤسسة تستوعب حاجات الأطفال وحاجات الشباب في مجتمع دائم التغير متعدد الثقافات منفتح على العالم، مؤسسة توفر متطلبات التعليم وتوفر للأطفال سبل التعلم وتزودهم بالمهارات اللازمة للتعامل مع مصادر المعلومات، مؤسسة تقوم على الأخلاق الإسلامية والقدوة الحسنة وتعلم الأخلاق والآداب قبل المعرفة، مؤسسة لا تقف مكتوفة الأيدي أمام الغزو الثقافي والإعلامي الخارجي، مؤسسة منفتحة على المجتمع تتحسس مشاكله وتتجاوب مع خصائص القرن الحادي والعشرين مثل التغير المعرفي وسرعة التغير والحاجة إلى التعلم المستمر نتيجة للتقدم التكنولوجي وتسارع الاكتشافات العلمية (الحارثي، 2003، ص 113-115).

من هنا تنبع أهمية الإدارة المدرسية فالوظيفة الرئيسة لمدير/ ناظر المدرسة هي القيام بالإدارة المدرسية لتحسين نوعية الحياة المدرسية لجميع من فيها. ومن ثم يتعين أن ينظر إليه المجتمع والمعلمون والتلاميذ باعتباره المسئول الأول عن تحقيق هذه الوظيفة، ولكي يحققها بطريقة فعالة، يتعين عليه أن يكرس كل وقته وطاقته لهذه المهمة.

ويحقق الانتظام في العمل كمهمة رئيسية من مهام مدير المدرسة مزايا رئيسية منها:

بالنسبة للمجتمع: الحفاظ على موارد المجتمع بالاستخدام الجيد لطاقة المعلم، والاستغلال السليم لعنصر الوقت وزيادة الإنتاجية الكلية، وتخفيض التكاليف بالاستغلال الاقتصادي الأمثل لأوقات العمل، ونشر وتعميق القيم الخاصة على الالتزام بالواجبات والحفاظ على مواعيد العمل الرسمي وانتقال هذه القيم من المعلمين لأبنائهم.

بالنسبة للإدارة: إنجاز الأعمال المطلوبة في الموعد المناسب وتخفيض التكاليف وزيادة التعاون بين المعلمين وزيادة ثقة المتعاملين مع المدرسة من شرائح المجتمع المختلفة.

بالنسبة للمعلم: تنمية العادات السليمة وتعميق الالتزام والشعور بالواجب ورفع روحه المعنوية وما يعود عليه الانتظام من عائد ايجابي مادي كالمكافأة المالية مثلا أو عائد أدبي معنوي كالتقدير والاحترام من قبل زملائه ورؤسائه ومجتمعه. (أحمد، 2000، ص41)

ومن أهم خصائص المدرسة الفعالة في رأي حسين (2004) الخصائص التالية:

1. بيئة مدرسية آمنة:

يسير العمل داخل المدرسة الفعالة بشكل واضح ومنظم وخـالي مـن أي أعـراض فيزيقيـة حيث يعتبر المناخ السائد داخل هذه المدرسة ميسرا لكل من عمليتي التدريس والتعليم.

2. مناخ مدرسي جيد:

يسود المدرسة الفعالة مناخ مدرسي جيد يساعد على تحقيق التوقعات المحددة من قبـل، والخاصة بتنمية مهارات الطلاب وتحسين أدائهم ويعتقد الأفراد العاملون بإمكانيـة سـهولة تحقيـق الطلاب لمثل هذه التوقعات.

3. القيادة التربوية:

يؤدي المدير داخل المدرسة الفعالة دوره كقائد تربوي بطريقة فعالة مـن خـلال توصيـل التوقعات التي تم تحديدها من قبل لكل من الأفراد العاملين والآباء والطلاب، حيث يـدرك المـدير مدى أهمية تطبيق مهارات القيادة بصورة تساعد الطلاب والعاملين على تحقيـق أهـداف المدرسـة وتحسين نتائج الطلاب.

4. وضوح المهام المكلف بها العاملون:

توجد بعض المهام الواضحة التي يكلف بها الأفراد العاملون داخل المدرسة الفعالة، حيـث يلتزمون بأهداف المدرسة التربوية وأولوياتها وإجراء عملية التقويم والمحاسبة الخاصة بمدى تحقيق أهداف المدرسة وتوقعاتها، فضلا عن ذلك يتقبل الأفراد العاملون مسئولية تعلم الطلاب مـن خـلال تحسين تدريبهم على المناهج.

5. إتاحة الفرصة الحقيقية التي تساهم في تعلم الطالب وتحسين أدائه:

تتيح المدرسة الفعالة الفرص الحقيقية لتعلم الطلاب داخل حجرة الفصل المدرسي وتنمية مهاراتهم، حيث ينصب اهتمام معظم الطلاب على الأنشطة الموجهة نحو التعلم.

6. التقييم المستمر لتحصيل الطالب:

يخضع تحصيل الطالب في المدرسة الفعالة لعملية تقييم مستمرة، حيث يتم استخدام طرق مختلفة لهذه العملية، فنتائج عملية التقييم تساهم في تحسين التحصيل الأكاديمي للطالب والبرامج التربوية داخل المدرسة.

7. علاقة وطيدة بين المدرسة وأسرة الطالب:

يفهم الآباء مدى أهمية العلاقة بينهم وبين المدرسة لما تتيحه من فرصة لتدعيم توقعات المدرسة وأهدافها التي تسعى لتحقيقها.

8. سلوكيات المدرسين الايجابية:

تتميز سلوك وتصرفات المدرسين في المدرسة الفعالة بالإيجابية حيث يعملون على تدعيم توقعات وأهداف المدرسة بهدف تحسين تعلم الطالب. ويستخدم هؤلاء المدرسون بعض المقاييس الخاصة بقياس تحصيل الطالب كأساس لتقييم البرامج التعليمية.

9. النظم المتنوعة:

يتم وضع نظم متنوعة ومختلفة داخل المدرسة الفعالة وتطبيقها من خلال خبرة الأفراد العاملين في المدرسة، ويساعد بناء فرق العمل على تحقيق مثل هذه النظم.

10. قياس التعلم:

تتميز المدارس الفعالة بإتباع بعض الأساليب الهامة والفعالة في عملية تقييم الطلاب من خلال اختبار البيانات المتاحة لدى جماعات العمل والطلاب بهدف عمليات التطوير داخل المدرسة.

ومن أهم خصائص المدارس الفعالة تعليم قيمة الوقت، مع إبراز الجهود المبذولة لتقليل التفكك والانشقاق Disruption، وتحسين الجدول المدرسي، والحد من تنقلات الطلاب في الصفوف، والعمل على معالجة مشكلات الطلاب وخاصة الشغب والعنف، وإطالة اليوم الدراسي في المدارس، وتنمية إدارة وتنظيم الفصل، وزيادة تبادل الاتصال بين المنزل والمدرسة، والتأكد على أن يكون المدير/ الناظر قائدا قادرا على تحقيق الأهداف من خلال رؤية واضحة. والتأكيد على الإنجاز والتوجه تجاه العمل، والتقويم في البرنامج المدرسي، واحترام المهنة والمعلمين، مع إعطاء الجزاء والحوافز للمعلمين المخلصين وان يعملوا سويا في منظومة التعاون، ومن المسلم به أن العلاقة بين الرئيس والمرءوس علاقة تعاقدية، فيتعهد بمقتضاها الفرد القيام بأداء واجبات معينة، لقاء اجر محدد، ويكون الفرد مسئولا أمام رئيسه عن أداء هذه الواجبات بالطريقة المحددة، وفي الوقت المحدد وبالكفاءة المطلوبة لتحقيق أهداف المؤسسة التي يعمل فيها (أحمد، 2000، ص42).

وتشتمل المدرسة الفعالة على عدة مكونات أو عناصر من أبرزها:

1. وضوح الأهداف:

يجب أن تستند أهداف المدرسة على أسس واضحة يشترك في وضعها كل من المجتمع والآباء بحيث يتم مراجعتها بصورة دورية.

2. الإدارة المدرسية:

تعتمد العملية الإدارية في المدرسة الفعالة على فلسفات تستند على البحث الحاضر وعلى أهداف وموضوعات واضحة تم وضعها من قبل إدارة التعليم وممثلين عن المجتمع.

3. المدرسون والأفراد العاملون:

تتيح المدارس الفعالة لكل من المدرسين المؤهلين والعاملين الفرصة لتحسين مهاراتهم، وذلك لتحقيق مستوى مرتفع من التحصيل الأكاديمي.

4. الطلاب:

تدعم المدارس الفعالة مهارات الطلاب الفردية، وتسعى إلى إشباع حاجاتهم وكذلك تنمية مسئولية الطالب بحيث يندمج في عملية التعلم مدى الحياة بهدف إعداده كمواطن صالح.

5. التمويل والإدارة المالية:

ينبغي أن تشترك كل المستويات الإدارية داخل الدولة في مسئولية تمويل وتدعيم المدارس العامة، ويتطلب ذلك منهم الدعم المادي لهذه المدارس.

6. البرامج الأكاديمية:

تتضمن المدارس الفعالة البرامج الأكاديمية التي تعطي الفرصة لكل طالب لتنمية مهاراته الأكاديمية وتتضمن ما يلي: القراءة الجيدة، والقدرات الرياضية، ومهارات الاتصال الشفهي والمكتوب، والتعليم الذاتي، والآداب، والقدرة على تقبل المعلومات وتحليلها بطريقة نقدية.

7. التقييم:

تستخدم المدارس الفعالة برامج التقييم التي تحدد كيف يساعد التدريس في تحسين عملية التعليم، ولا تتكون عملية التقييم الجيد من اختبار واحد فقط.

8. مشاركة الآباء:

تعد مشاركة الآباء في كل عملية تخص أولادهم أثناء تعلمهم أمرا ضروريا، وذلك لكونهم أصحاب التأثير الأكبر في حياة أبنائهم. ومشاركة الآباء تفيد في التحصيل الدراسي لأبنائهم وتحسنه بصورة واضحة، ومن هنا يجب أن تشجع كل مدرسة مشاركة الآباء في العملية التعليمية.

9. المشاركة المجتمعية:

تشجع المدارس الفعالة على المشاركة المجتمعية، والتي قد تؤدي بدورها إلى نتائج ايجابية تدعم النظام داخل العملية التعليمية.

10. الخدمات المدعمة:

توفر المدارس الفعالة الخدمات التي تشبع حاجات الطالب الوجدانية والذهنية والبدنية والاجتماعية، ويجب أن تستند هذه الخدمات على اللوائح والقوانين داخلهما بالتعاون مع الآباء والطلاب والتربويين والقيادات المجتمعية.

11. المناخ التنظيمي:

يعتبر المناخ الجيد داخل المدارس الفعالة هاما جدا، لأنه يشجع الطلاب على التعلم من خلال تشجيع كل من الآباء، والطلاب، والأفراد العاملين والمجتمع وحثهم على بذل الجهد بهدف تحسين بيئة التعلم، ويتصف هذا المناخ بأنه آمن حيث يساعد على تحقيق أعلى مستوى من التحصيل الأكاديمي للطلاب على الرغم من وجود اختلاف ثقافي بين الطلاب.

12.التسهيلات:

تساعد المباني المدرسية الآمنة على إيجاد تعلم جيد لكل الطلاب، لذا يجب أن تكون المباني أكثر أمانا بغض النظر عن عمر المبنى.

(حسين، 2004، ص277)

وقد ظهرت أدوار جديدة للمدرسة (انظر ملحق رقم 1) ومن أبرز هذه الأدوار:

- قدرة المدرسة على إيجاد مخرجات تؤمن بضرورة دوام واستمرارية التعلم.
- قدرة المدرسة على تقديم خدمات متكاملة للمجتمع المحلي.
- مساهمة المدرسة في التنمية الاقتصادية والمجتمعية للمجتمع المحلي.
- مساهمة المدرسة في تقديم الخدمات الإنسانية والاجتماعية.
- قدرة المدرسة على الاستخدام الأمثل لمصادر وموارد المجتمع المحلي.
- الخدمات التربوية المتنوعة التي يجب أن تقدمها المدرسة للمجتمع المحلي.
- إشراك المدرسة أولياء الأمور والمجتمع المحلي في إعداد البرامج التعليمية والنشاطات المختلفة.
- تعاون المؤسسات والنقابات الحكومية والخاصة مع المدرسة والحرص على إثرائها بخبراتها.

كذلك ظهرت ادوار جديدة لمدير المدرسة (انظر ملحق رقم 2) ومن ابرز هذه الأدوار:

‫‐ دور الإدارة الديمقراطية.‬

‫‐ إدارة الأفراد والموارد المادية والمالية.‬

‫‐ إدارة الطلاب.‬

‫‐ تطوير المنهاج المدرسي والنشاطات المرافقة.‬

‫‐ تطوير علاقة المدرسة بالمجتمع المحلي.‬

‫‐ المتابعة والتقويم (الخطيب، أحمد والخطيب، رداح، 2006، ص 73-86).‬

خصائص الإدارة المدرسية الفعالة:

‫يرى أحمد وحافظ (2003) أن أهمية خصائص الإدارة المدرسية الفعالة:‬

‫1. أن تكون الإدارة المدرسية إدارة هادفة غير عشوائية، موضوعية في قراراتها، تمارس عملها معتمدة على التخطيط بعيد المدى.‬

‫2. أن تكون إدارة ايجابية في حل المشكلات ومواجهتها، وتيسير العمل وتوجيهه في جو يسوده المحبة، مشجع لقدرات وإمكانيات الفرد.‬

‫3. إدارة اجتماعية قادرة على ممارسة علاقات إنسانية طيبة وتهيئة الظروف الاجتماعية المناسبة في بيئة العمل فالكل لا بد أن يعمل من اجل هدف واحد ومشاركة فعالة في الفكر والرأي.‬

‫4. أن تكون الإدارة المدرسية إدارة إنسانية تتصف بالمرونة بشرط تحقيق التوازن بين أهدافها وحاجات التجمع البشري الموجود بها، وتتمشى وتساير الاتجاهات التربوية والتعليمية.‬

ويرى أحمد وحافظ (2004) أن هناك عدد من المعايير للإدارة المدرسية الفعالة يمكن إيجازها على النحو التالي:

المعيار الأول: التفويض الواضح للسلطة مع ضرورة إلمام كل من يعمل بالمدرسة بواجباته ومسؤولياته ومجال سلطاته مع مراعاة الاستخدام الرشيد لتفويض السلطة، الأمر الذي يساعد على خلق جو عمل طيب، ويساعد أيضا على تنمية قدرات ومهارات المرؤوسين وتنمية الجوانب القيادية في مرءوسيهم.

المعيار الثاني: أن تحدد الإدارة المدرسية وظائفها وتنظيمها ووسائل تنفيذها في ضوء المدرسة، وإزاء هذا يمكن أن نلاحظ أن عمليات الإدارة ليست غاية في حد ذاتها بل هي غاية لتحقيق العملية التعليمية والتربوية تحقيقا فعالا، ولذا لا بد أن تكون شاملة لكل العمليات التي تجري في العمل التربوي الإداري والفني.

المعيار الثالث: الاحتياج إلى المعلم ذو الكفاءة والمهارة نتيجة لاتساع حجم المدرسة، وتغيير وتطور طبيعة التعليم وأهدافه الذي أصبح به العديد من الأنشطة والمواقف المدرسية المختلفة الأمر الذي جعل إدارة المدرسة تعكس العمل التربوي التي تقوم به على خصائص المعلمين القائمين بهذا العمل.

المعيار الرابع: أن توفر الإدارة المدرسية الوسائل والأدوات التي تساعد على حل المشكلات التي تصادفها حلا مناسبا، فلكل مدرسة ظروفها ومشكلاتها التي يجب البت فيها حتى لا تتفاقم المشكلات، الأمر الذي يتطلب من القائمين على أمور الإدارة المدرسية تقديم خبراتهم في هذا المجال لكي تسير الأمور في مجراها الطبيعي.

مما سبق يتضح أن الإدارة المدرسية الفعالة هي الإدارة التي تسعى إلى تحسين العملية التعليمية والتربوية بتهيئة مناخ العمل المدرسي المناسب للمعلمين والتلاميذ، والى إيجاد علاقات إنسانية طيبة قائمة على التعاون المشترك بين المعلمين وإدارة المدرسة، وان تسمح بتبادل وجهات النظر والحوار الهادف البناء لصالح العملية التعليمية والتربوية.

تطوير الإدارة المدرسية:

إن عملية تميز الأداء لا يمكن أن تترك للصدفة أو أن تحدث بصفة عشوائية في المؤسسة، إن إدارة التميز تعني الجهود التنظيمية المخططة التي تهدف إلى تحقيق الميزات التنافسية الدائمة للمؤسسة، فالتميز هو شعار ترفعه العديد من المنظمات الحديثة وتتخذه رسالة أساسية لها (عادل، 2003، ص6).

ومن اجل تطوير أداء الإدارة المدرسية، يقترح الصريصري والعارف الآليات التالية:

1. الاهتمام بوضع سياسة تدريب شاملة لمديري ووكلاء المدارس في الكليات التربوية وكليات المعلمين على أن يصمم البرنامج المقترح ويعرض على المعنيين بالتدريب (المديرين والوكلاء) لأخذ مرئياتهم حيال الموضوعات التي يرون أنهم بحاجة أكثر إليها وأساليب التدريب المناسبة على أن يحدد التدريب كل أربع سنوات.

2. تقوم وحدات الإدارة المدرسية بالمناطق التعليمية بوضع برامج تنشيطية (تربوية وتثقيفية) سنوية في القرى والمدن مع التركيز بشكل خاص على المديرين والوكلاء تأخذ في اعتبارها جميع المستجدات على الساحة الفنية والإدارية للقيادة الإدارية لصقل وتنشيط هذه الكوادر.

3. وضع برنامج متكامل للقاءات والزيارات الميدانية بين مديري المدارس ووكلائهم في كل منطقة لمناقشة الجوانب الميدانية في عمل إدارة المدرسة ورفع كفاءتها من خلال ورش العمل والحلقات التطبيقية.

4. وضع مراكز تدريبية في الإدارات التعليمية للمديرين والوكلاء في القرى والمدن مع التركيز على القرى بشكل خاص ووضع برامج تطويرية للمديرين والوكلاء في المدارس القروية.

5. ضرورة تبادل الزيارات بين مديري المدارس والوكلاء في مختلف المناطق بأشراف مشرفي الإدارة المدرسية لنقل الخبرات وتبادلها.

6. الاهتمام بمشاركة مديري المدارس ووكلائهم في حضور الندوات والمؤتمرات المتخصصة في الإدارة التربوية داخل المملكة وخارجها.

7. تشجيع العاملين في ميدان الإدارة المدرسية ومطالبتهم بتقديم البحوث التربوية الميدانية حول محاور العمل التربوي والإداري تحقيقا لمبدأ النمو المعرفي وفق ضوابط البحث العلمي السليم.

8. تشجيع العاملين في مجال الإدارة المدرسية بمواصلة دراساتهم العليا لتطوير إمكاناتهم وقدراتهم.

9. تزويد الإدارة المدرسية بكادر إداري مساعد حسب اللوائح المنظمة لمراحل التعليم العام ليقوموا بدورهم التربوي والإداري ووضع الخطط

الاستراتيجية لتطوير المدرسة، حيث إن معظم هؤلاء يقومون بأعباء بعيدة عن مسؤولياتهم التي جاءوا من اجلها.

10. إعطاء مدير المدرسة صلاحيات تحقق له فعالية تنفيذ العمل الميداني بدون الرجوع إلى أساليب البيروقراطية التي قد تتخذ القرار في الوقت غير المناسب.

11. الدقة في اختيار الكوادر القيادية لإدارات المدارس وفق معايير تربوية ومؤهلات دراسية وخبرة بمتطلبات المسئولية الكبيرة لرفع شعار جديد لا مركزية في التعليم.

12. تقويم أداء المدارس من خلال متابعة جيدة حول مدى تحقيق الأهداف الكلية في مدرسته وفق ضوابط ومعايير تحدد من قبل لجنة من الإشراف التربوي والإدارة المدرسية ويكون المدير على علم مسبق بها ولديه صورة منها.

13. تطبيق الآلية الجديدة لتكليف مديري المدارس وإنهاء تكليفهم ونقلهم كل أربع سنوات في مدارس متشابهة لمدارسهم من حيث المرحلة والمبنى.

14. أن يقوم مدير المدرسة بتقديم خطة سنوية يقوم بتنفيذها ويحدد مدى المتحقق من الخطة وفق مقاييس صحيحة وسليمة وتقدم لإدارة التعليم سنويا.

15. تحديد عناصر الأداء الوظيفي بحيث تكون البحوث التربوية الإدارية التي يقدمها مديرو المدارس ووكلائهم ركيزة من ركائز التقويم والنمو الوظيفي وشرطا تحفيزيا إلى مراحل قيادية عليا.

16. إنشاء أقسام متخصصة للإدارة المدرسية في كليات الاقتصاد والإدارة والكليات التربوية وكليات المعلمين لتخريج المتخصصين في هذا المجال وتزويد المدارس بخريجيها.

17. نشر مفهوم الثقافة التربوية والإدارية بين مديري المدارس ومشرفي الإدارة المدرسية وذلك بأطروحات تربوية وإدارية تتمشى مع واقع التربية والتعليم في بلادنا.

18. نوصي بأهمية التدريب القبلي لكل من تظهر فيه السمات القيادية حيث يتم تأهيل المرشح بالتدريب أولا ثم يمارس العمل بما يسمى بـ " التنامي الوظيفي "

19. نقترح وجود سجل القيادة التربوية يرصد فيه كل فعاليات المعلم المتميز وإنجازاته ومساهماته وإبداعاته حتى يكون مرجعا شاملا يساعد على اختيار القيادات التربوية الإدارية وتأهيلها.

20. الاستفادة مما جاء في دليل مدير المدرسة والذي أعدته وزارة المعارف بناءا على ما جاء من المناطق التعليمية وما تضمنه الدليل من تحديد مسؤوليات وكيل المدرسة الإدارية على أن لا تظل المسؤولية الكاملة على مدير المدرسة وحده.

21. ضرورة إيجاد حوافز وظيفية لمدير المدرسة لعلها تسهم في الارتقاء بمستوى الأداء الوظيفي لمدير المدرسة ونوعية الإنتاج والعطاء، وتساعد في تحقيق جانب الذات لاسيما لدى المديرين المتميزين، ويمكن أن يقترح إتاحة الفرصة للزيارات والبعثات الخارجية لمديري المدارس.

22. يقترح مطالبة مديري المدارس بالأبحاث والدراسات المحكمة وما يقدموه من مساهمات علمية ومنجزات للترقي في الوظائف القيادية كالإشراف التربوي مثلا.

23. الاستفادة من الدراسات الجديدة حول نموذج بطاقة تقويم مدير المدرسة ومنها ما ورد في مجلة المعرفة عدد شعبان 1420 هجري، ورسالة الماجستير التي نوقشت مؤخرا في كلية التربية في مكة المكرمة حول البطاقة المقترحة.

24. تكليف المرشح لإدارة المدرسة بإعداد خطة عمل تطويرية للمدرسة وأدوات تحقيق هذه الخطة وبعد تكليفه بالعمل مديرا للمدرسة.

25. أثبتت الدراسات التطويرية استنادا على " قاعدة جوران " أن بعض أسباب التقصير في منجزات العمل تعود للأسباب التالية:

- 85% أسباب تعود لظروف العمل والأنظمة المعمول بها و المتغيرات العامة.

- 15% أسباب تعود للمتغيرات الخاصة (الموظفين – العاملين).

وهذا يتطلب معرفة التحكم بالمتغيرات بشقيها العام والخاص تحسين جودة العمل ونتائجه من خلال التساؤلات التالية:

أ- ما هي المعوقات التي تحول دون تحقيق الإدارة المدرسية أهدافها؟

ب- هل باستطاعتنا تحديد المتغيرات التي تؤثر على سير العمل المدرسي؟

ج- ما هو دورنا في ما يتعلق بالتركيز على الاولويات للتغير للأفضل؟

د- ما هو دور مدير المدرسة في حرصه على تطوير أساليب العمل وإجراءاته؟

وهذا يعني أن التدريب لمديري المدارس ليس سببا لتطوير فعاليات المدير فقط، بل لا بد من الأخذ في الحسبان ظروف العمل والبيئة المحيطة، الأمر الذي يتطلب من الإدارة العليا تحسين هذه الظروف حتى تخرج أجيال من هذه القيادات

المؤهلة والقادرة على القيام بمسؤولياتها كاملة   (الصريصري والعارف، 2003، ص46).

وفعالية الإدارة المدرسية تعتمد على العمل الجماعي، ولذا نجد انه كلما ازداد عدد الكفاءات الإدارية في مدرسة من المدارس كان ذلك ادعى لنجاحها وتحقيق أهدافها هذا وتزداد الحاجة إلى توافر القدرة الإدارية القادرة على خلق المناخ الملائم الذي يحفز الآخرين على العمل والأداء، وتتبدى مقومات المدير الفعال في الآتي:

1. معرفة مدير المدرسة المتجددة بأساسيات علوم الإدارة وأساليبها المستحدثة.

2. الدقة في تصور المواقف وتحديد المشكلات مع استخدام الأساليب الإدارية المناسبة في الوقت المناسب.

3. إمكانية التأثير في سلوك الآخرين وتوجيهه نحو تحقيق أهداف المدرسة.

4. متابعة مجريات الأمور في البيئة المحيطة بالمدرسة مع استيعاب المؤثرات الدالة على اتجاهات التغيير.

5. حسن أداء واستثمار الوقت.

6. ترشيد الإنفاق في المصروفات التي تحتاجها المدرسة.

7. متابعة مدى تنفيذ القرارات التعليمية وما يترتب عليها من نتائج.

8. الاستعداد لأي أمر محتمل الحدوث ومواجهته، بدلا من الانتظار لحدوثه وترميم الأضرار الناشئة عنه (أحمد وحافظ، 2003، ص55).

العوامل المؤثرة على الأداء الإداري:

إن المدرسة بوصفها مؤسسة تعليمية تقوم بواجبها يجب أن تقود المجتمع نحو التقدم. والقيادات التربوية والتعليمية تحتاج إلى المهارات (الذاتية، الفنية، الإنسانية، الادراكية) لتوجيه العمل المدرسي نحو التطور المستمر، لكي تواكب المستجدات التربوية والتكنولوجيا (أحمد، 2002، ص10).

ولا يظهر أداء الفرد نتيجة لقوى أو ضغوط نابعة من داخل الفرد نفسه فقط، ولكن نتيجة لعملية تفاعل والتوافق بين القوى الداخلية للفرد والقوى الخارجية المحيطة به، وتتأثر القوى الداخلية المحركة للأداء بعدد من العوامل مثل العوامل الوراثية، والعوامل البيئية، وثقافة كل من المجتمع والمدرسة، ونوع التعليم والخبرات المكتسبة.

وفي مجال تحديد العوامل التي تؤثر على الأداء الإداري، سوف يقودنا البحث إلى تناول ما يلي:

1. ثقافة المدرسة:

حيث يتأثر سلوك وأداء الفرد بمجموعة القيم والقواعد والمعايير السائدة في المدرسة، والتي تدفعه إلى الأداء بطريقة ما أو تفضيل مسلك معين على مسلك آخر، وترتبط هذه الثقافة بأداء الفرد لأنها تؤثر على اتجاهاته نحو العمل.

2. البيئة المحيطة: وتشمل:

أ- ظروف العمل المادية: وما تتركه من اثر على راحة الفرد وتسهل له حركته في اتجاه التميز في الأداء، وذلك مثل توفر الآلات والمعدات والأدوات.

ب- العوامل التنظيمية: وتمارس تأثيرا كبيرا على أداء الفرد نفسه داخل المدرسة مثل الهياكل التنظيمية واللوائح والقوانين والعلاقات مع الآخرين والرؤساء والزملاء والمرؤوسين بجانب عمليات التدريب والتوجيه والتقويم.

3. دور الفرد في المدرسة:

تؤثر طبيعة الدور الذي يؤديه الفرد على أدائه داخل المدرسة، والدور هو مجموعة التوقعات التي يتوقعها مجموعة من الناس من الفرد، ويتضح ذلك في خمسة أبعاد هي:

أ- غموض الدور Role Ambiguity:

ينشأ غموض الدور إذا لم تكن توقعات الفرد واضحة له عن الدور الذي يقوم به، أي إذا كان الشخص غير متأكد من طبيعته، ويؤدي أيضا حدوث تناقض مفهوم الدور عن مفاهيم كل أو بعض مجموعة الأدوار إلى غموض الدور.

ب- تباين الدور Role Incompatibility:

ينشأ هذا الموقف إذا تباينت واختلفت توقعات مجموعة الدور، فالمدير قد يرى دوره أساسا في تجنب الخسائر، بينما يراه المساهمون أساسا في تحقيق أهداف المدرسة.

ج-   صراع الدور Role Conflict:

وينشأ نتيجة تناقض واختلاف الأدوار التي يتوقع أن يقوم بها الفرد في موقف معين.

د-   زيادة عبء الدور Role Overload:

ينشأ هذا الموقف حين يزيد عدد الأدوار التي من المفروض أن يقـوم بهـا الفرد عـن طاقته وقدراته.

ﻫ-   تفاهة الدور Role Underload:

ويحدث هذا الموقف حيث يعهد للفرد بادوار لا تستغل كل طاقاته وإمكانياته، وهو يمثل مشكلة تماما كحالة فائض الدور.

4.   إدارة المدرسة:

فمدى إلمام المدير بالمعارف الإنسانية المختلفة، ومدى قدرته على التوقع وتفهم متطلبـات الموقف الكلي الذي يواجهه، ومدى قدرته على تحمل المسؤولية، ومقاومة ضغط العمـل مـن أعـلى لأسفل، ويؤثر على الأداء داخل المدرسـة بصـورة واضـحة، حيث يـنعكس اتجاهات المـدير وقيمـه وأخلاقياته وأهدافه الشخصية على أداء الأفراد العاملين، وبالتالي يؤثر ذلك على مدى استقرار العمل داخل المدرسة.

5.   السياسات الإدارية:

تشير السياسـات الإداريـة إلى مجموعـة القواعـد والمعايير والتوجهـات والتعلـيمات التـي تصدرها المدرسة لإرشاد أعضائها في ممارسة وواجبات أعمالهم، وتتركز أهمية السياسات الإدارية في كونها تصدر عن إدارة المدرسة وتوجه إلى أعضاء مختلفين بأعمال معينة وهي تتصف بصفة الإلزام، فليس هناك اختيار لعضو

المدرسة طالما كانت هناك سياسة واضحة ومعلنه ومن ناحية أخرى، فان أهمية السياسات كمحدد لأداء الفرد تتأكد، بسبب انتشارها بين مختلف المستويات التنظيمية وشمولها لمجالات العمل المختلفة بالمدرسة.

6. هيكل المدرسة:

يعكس الهيكل التنظيمي لأعضاء المدرسة أنماط السلوك المستهدف وأشكال العلاقات الإنسانية التي تفضل المدرسة أن تراها سائدة بين أعضائها، وتؤثر المعلومات كباقي المدخلات التنظيمية على استجابات الفرد وأدائه حسب درجة تمسك المدرسة بحرفية هذا الهيكل وتصميمها على تطبيقه بشكل حقيقي.

7. الرضا الوظيفي:

يؤثر الرضا الوظيفي تأثيرا واضحا على أداء الفرد داخل المدرسة، فالفرد الذي يشعر بالرضا عن العمل يتولد لديه دافع نحو تحسين أدائه، وقد وجدت علاقة عكسية بين الرضا الوظيفي ومعدل دوران العمل، فالفرد الذي يشعر بالرضا يميل إلى البقاء في المدرسة وبالتالي تقل حالات الغياب.

8. جماعة العمل:

تؤثر جماعة العمل وما يسودها من قيم ثقافية ايجابية على أداء الفرد، فكلما سادت هذه الجماعات التعاون والتضامن والمشاركة بين أعضائها، كلما انعكس ذلك على أدائهم بالإيجاب كنتيجة لسيادة روح الفريق بين الأعضاء.

9. بيئة التنظيم:

يرتبط أداء الفرد بالبيئة التنظيمية التي يعمل فيها. فالبيئة التنظيمية وما تمنحه للفرد من مكافآت تدفعه للعمل، وما تقدمه له من تدريب وخبره لا تتفاعل مع شخصيته فقط، ولكن التفاعل معها بعد مرورها على القيود البيئية التي تؤثر على

أداء الفرد، ويؤثر المناخ المدرسي في بيئة التنظيم على الأداء النهائي للفرد سواء بالإيجاب أو السلب.

10. دافعية الفرد:

تؤثر دافعية الفرد نحو العمل على أدائه فكلما شعر الفرد بالأمان الوظيفي داخل المدرسة وأتيحت له الفرصة للترقي الوظيفي، كلما ازدادت دافعيته وتحفيز أدائه نتيجة تكوين اتجاهات ايجابية نحو العمل.

وخلاصة القول، يعتبر السلوك الإنساني هو المحدد للأداء الإداري للفرد وهو محصلة التفاعل بين طبيعة الفرد ونشأته والموقف الذي يوجد فيه في ظل مجموعة من العوامل التي تؤثر على أدائه، وعلى الرغم من ذلك فان أداء الفرد قد يتعرض لبعض المواقف والأسباب التي تؤدي إلى تدني أدائه (الغريب وآخرون، 2004).

أسباب فشل المنظمات:

يرى حيدر (1999) أن المؤسسات والمنظمات يتم استحداثها عادة بغية تحقيق أهداف معينة، لولا وجودها لما استطعنا تسمية مجموعة ما منظمة أو اعتبارها كذلك. كما وتتميز مختلف أنشطة المؤسسة بسعيها إلى تحقيق أهداف خاصة بها تمثل الغاية التي تتجه نحوها جهودها والأعمال الإدارية التي تمارس فيها (حيدر، 1999، ص31).

وقد تتعرض بعض المنظمات للفشل وفشل هذه المنظمات في الغالب يرجع لأسباب داخلية وخارجية أو لكليهما ومنها:

1. عدم التكيف مع البيئة الخارجية:

يرجع البعض أن عدم تكيف المنظمة مع بيئتها هو أكثر العوامل المؤثرة في تحديد بقائها، حيث أن التسارع في حركة البيئة ، وعدم استجابة المنظمة لتغيراتها يشكل عاملا حاسما في تحديد نمو المنظمة واستمراريتها، ولذا فإن ملاحقة التغيرات هذه وبصورة مستمرة ودقيقة أمر في غاية الأهمية وذلك لتجنب اضمحلال المنظمة. إلا أن أدراك المتغيرات البيئية من قبل الإدارة ليس موضوعيا أو دقيقا أحيانا. كما أن التكيف لم يكن سهلا بل تهدده مقاومة التغيير وهو سلوك غريزي.

2. الضعف الداخلي:

إن من واجب المنظمة أن تكيّف وضعها الداخلي مثل ما تحتاجه لتكيّف كيانها الخارجي، ومن أسباب الضعف الداخلي هي:

1) تحجر الإدارة، والتردد في إتباع سياسات جديدة، والوقوف في وجه أي مواهب شابة.

2) الاهتمام المتزايد بالتكيف الخارجي دون الاهتمام بالتكيف الداخلي، وعدم تطوير مواردها الداخلية مع أنها أكثر أهمية من القوى الخارجية في مستقبل المنظمة.

3) سرعة التحولات المستمرة في سياسة المنظمة وضعف القدرة التنظيمية، في مواكبة البناء التنظيمي لتلك التغيرات.

4) التوزيع غير العادل للسلطة مما يضعف الاندفاع لدى بعض الإدارات. وقد يخلق ذلك النزاعات بينها.

5) التباين بين أهداف المنظمة والأهداف الشخصية، وتغليب الأهداف الشخصية والفردية على أهداف المنظمة، مما يؤدي إلى ضعفها. كما أن عدم الالتفات للمشاعر الفردية وتجاهلها من ناحية أخرى، يضعف

المساهمات الفردية ومن ثم يسهم في تدهور نمو المنظمة وتبديد طاقتها البشرية (زويلف، 1996، ص15).

وتشر التجربة اليابانية إلى أن علاقة المؤسسة قائمة على علاقة أشبه بالعلاقة الأبوية بين أرباب العمل والعاملين، حيث يتولى صاحب العمل سد احتياجات العاملين الذين يقدمون له بالمقابل ولاءهم وإخلاصهم للعمل. فمثل هذا الموقف، من شأنه أن يدعم العلاقة الشمولية في جو العمل وان تسود روح الألفة والمحبة وعدم الأنانية. ويرى اليابانيون أن لكل فرد احتياجاته الاقتصادية والاجتماعية والنفسية والروحية، ويفترض المديرون اليابانيون أن من واجبهم الاهتمام بقدر اكبر بالإنسان بشكل عام، بحيث لا يترك الكثير من هذه الجوانب للمؤسسات الأخرى للاهتمام بها(مثل الحكومة، أو الأسرة، أو المؤسسات الدينية) فهم يعتقدون انه عندما يتم سد احتياجات الفرد بطريقة حسنة في إطار المؤسسة، فان هذا الفرد سيتحرر بعدها من هذه المتطلبات للتفرغ للعمل المنتج الذي يكون في معظمه عملا متميزا. بمعنى انه كلما تم إشباع حاجات الفرد المختلفة في المؤسسة التي يعمل فيها، زادت إنتاجيته وتحررت وزادت فاعليته. وذلك لان الفرد حينما يشعر أن هناك من يعمل على راحته، ومن يعمل ليوفر له الأمن والطمأنينة النفسية. وان هناك من يفكر في مصلحته، فان ذلك يحتم عليه أن يبذل كل ما في وسعه، بل يبذل قصارى جهده في العمل الذي يؤديه. وهذا يؤدي إلى رفع كفاءة العملية التعليمية (أحمد، 2000، ص45).

أنواع الفاعلية:

أوضح ردن (Redden) الوارد في نشوان (2004، ص214) أن هناك ثلاث أنواع من الفاعلية هي:

1. الفاعلية الإدارية (Management Effectiveness):

وهي الفاعلية التي ترتبط بنشاط الإداريين وقدرتهم على تحقيق الأهداف المطلوبة.

2. الفاعلية الشخصية (Personal Effectiveness):

وهذه الفاعلية تظهر عندما يتم إنجاز أهداف المنظمة بما يحقق نجاحها خاصا للشخص على حساب نجاح المنظمة نفسها، لكن يفترض عدم وجود تناقض بين أهداف الفرد وأهداف المنظمة على إنجاز الأهداف.

3. الفاعلية الظاهرية (Apparent Effectiveness):

وهي تعتمد على سلوك الأفراد الظاهري بغض النظر عن الإنجاز في تحقيق الأهداف، وهنا تكمن الصعوبة في قياس الفعالية اعتمادا على السلوك الملاحظ وإهمال النتائج والمخرجات المطلوبة.

والمدير التربوي الفعال هو الذي يستطيع تحقيق أهداف المنظمة التعليمية من خلال الاستخدام الجيد للموارد المتاحة سواء البشرية أو المادية (نشوان، 2004، ص214).

وفاعلية الأداء عند (البوهي) يقصد بها توظيف الإمكانيات المادية والبشرية المتاحة في المدرسة (المدخلات) في سبيل تحقيق الأهداف المرجوة بأقل قدر من الهدر المادي والتربوي، وبما يؤدي إلى تحسين مخرجات التعليم والتعلم في المدرسة (البوهي، 2001، ص370).

التقييم في الإدارة التعليمية:

إن هناك علاقة وطيدة بين التقييم وعملية صنع القرار والتخطيط الاستراتيجي، فكل منها معني بإصدار أحكام حول أفعال وإجراءات منظميه والفرق الوحيد بينهما أن لكل واحد منهما بعدا زمنيا دالا عليه. فالتقييم هو إصدار أحكام عن أداءات ماضية أو جارية، وصنع القرار يتعلق بإصدار أحكام عن أداءات تتعلق بالحاضر، والتخطيط الاستراتيجي يتعلق بإصدار أحكام عن أداءات تتعلق بالمستقبل.

إن هذه الأمور الثلاثة يتم التعامل معها في معظم النظم والمؤسسات وكأنها منفصلة عن بعضها البعض مما يوجد مشاكل في بعد استمرارية ربط الماضي والحاضر، وقلة منهم تعنى بأداءات المستقبل، مع أن الماضي يمكن أن ينظر إليه على انه مفيد بالدرجة التي يمكن أن يساعد بالتنبؤ بالمستقبل وبخاصة في عالم متغير باستمرار (الطويل، 1999، ص264).

ومردود التقييم يتوقف على ما يقدمه من بدائل حول الأمور والقضايا، مما تكون نتيجته تمكين أفراد النظام المعين من التفكير بوضوح أكثر والمقدرة على ممارسة المناقشات الواعية للخطوة الآتية. إن متطلبات إنجاح مناقشة الخطوة الآتية التي تتلو اختيار بديل/ بدائل العمل تتطلب أن يمارس المقيم دوره عبر السبل التشاركية، التي يتم خلالها تشارك المقيم مع أفراد النظام موضع التقييم بهدف تطوير تفهم أفضل لأحداث النظام، ومن ثم اتخاذ خطوات أكثر ملائمة ومعقولية. فتأثير المقيم يأتي عبر اندماجيته وتشاركيته لا من خلال عزلته وعدم اكتراثه، وبحسب العديد من الدراسات (Alkin, Daillah and white,1979)، تبين انه لا يوجد شيء أفضل من المشاركة الذاتية والشخصية في إنجاح عملية التقييم. إذ إن المهم هو حفز المعنيين بالتقييم والمتأثرين به وتعميق اهتمامهم، كي يتعلموا من

مشاركتهم في عملية التقييم، وإثارة فضولهم ورغبتهم في التعامل مع ما في جعبة المقيم مـن أراء وبدائل، وكذلك مناقشة ما في حوزتهم من تصورات واحتمالات (الطويل، 1999، ص263).

والتقييم يعمل على وضع الأمور في بؤرة الاهتمام وربما أسهم في إيجاد شعور بالأزمـة كـما انه يحفز على زيادة الاهتمام والانتباه في التعامل مع المألوف ممـا يسـاعد في التأثير علـى متخذي القرار ويحفزهم إلى القبول بممارسة مغامرة اتخـاذ قرارات جديـدة. ويمكن إبراز الملامح الآتيـة للتقييم في الإدارة التعليمية:

أولا: ينطوي التقييم على:

1. تحديد الأهداف الرئيسة والإغراض المحددة للنظام التربوي برمته.

2. وضع معايير إنجاز تربوية ملائمة ومرنة.

3. تحديد المدى الذي وصله تحقيق الأهداف.

4. إبراز التفاوت بين النتائج التي تم التوصل إليها والمعايير التي وضعـت لكـل هدف.

5. تفسير النتائج.

ثانيا: ينبغي أن يستند التقييم إلى معرفة وثيقة بالمتعلمين، والى إدراك شامل وفهم منفتح للحياة الثقافية السائدة في المجتمع ككل وفي بيئة المتعلم المباشرة سواء الداخلية منها أم الخارجيـة، والى معرفـة العناصر الجوهرية في البيئة التعليمية والتعلمية، ومعرفـة الأهـداف والمرامـي المحـددة للنظام التربوي وأنظمته الفرعية كافة.

ثالثا: تغدو عملية التقييم أكثر إلحاحا واشد صعوبة كلـما ازداد النظـام التربـوي تعقيـدا واتسعت وتنوعت مدخلاته ومتطلبات عملياته لذا لا يمكن التعامل

بسطحية مع الحاجة إلى التقييم إذ لا بد من تعميق الأساليب المستخدمة في جمع البيانات والمعلومات ومن ثم تشكيل الحكم الأنسب الذي يعد جوهر عملية التقييم.

رابعا: يعنى التقييم الفعال بدراسة الممارسات القائمة وتقييم الهيكل التنظيمي والوصل إلى إحكام متزنة حول جودة وملائمة المدخلات والعمليات والمخرجات. وهذا النوع من التقييم يشكل أساسا للتطوير الذاتي للإفراد المعنيين ولاستمرارية فاعلية المؤسسة وتعريض العاملين فيها لخبرات تعليمية وتربوية مثرية.

خامسا: إن التقييم الفعال عملية مستمرة وشاملة وتعاونية يشترك فيها العديد من الأفراد سواء من داخل النظام التربوي أم من خارجه.

سادسا: إن التقييم المناسب القائم على الشجاعة والتواضع والاهتمام والثقة يمكن من تحديد نقاط القوة والضعف في الممارسة القائمة، وإذا رافق هذا التقييم قرارات حكيمة ورشيدة مع إدارة ذات كفاءة عالية وأداء متميز ودعم شعبي مناسب فان الممارسة المقترحة اليوم ستغدو ممارسة عامة ممأسسة في الغد.

سابعا: إن انطلاق عملية التقييم من استخدام البيانات الموضوعية وإتباع الإجراءات العملية، يجب أن لا يغفل أن هناك سبلا تقييميه أخرى لا بد من إيلائها الاهتمام اللازم، إذ أن العملية التربوية تتضمن جوانب ليس من السهل تكميتها مثل الأبعاد البنائية للمتعلم من نمو ونضج شخصيته وقيم واتجاهات وغيرها.

ثامنا: أن عملية التقييم يجب أن تشمل جميع جوانب النظام التربوي متجنبة الرؤى الضيقة أو المقولبة، إذ لا بد من النظرة الشاملة الواسعة وان يتم التقييم وفقا لجدول زمني مدروس ومنطقي ومتسلسل لان النظام التربوي نظام معقد ويجب أن يدرس بصورة شاملة، فالحكم المتسرع والمستند إلى عوامل متشرذمة سوف يؤدي لا محالة إلى الوقوع في الخطأ.

تاسعا: أن مهمة التقييم ستتزايد صعوبتها في المستقبل نظرا لتزايد وتسارع الحراك الاجتماعي وتباين الخلفيات والأطر الثقافية والمستويات الاقتصادية مما يجعل مهمة التقييم مهمة أكثر صعوبة مما هي عليه اليوم إذ لا زالت مجتمعات اليوم تعيش درجة من التماسك والتجانس والاستقرار (الطويل، 1999، ص266).

نماذج قياس فاعلية أداء مدير المدرسة:

تشير الدراسات التربوية الحديثة في مجال الإدارة المدرسية إلى وجود أربعة نماذج نظرية لتحديد فاعلية أداء المدير هي:

1. نموذج الأثر المباشر Direct-effects Model: ويفترض هذا النموذج أن أسلوب قيادة المدير يؤثر بصورة مباشرة على تحصيل الطلبة بصرف النظر عن المتغيرات داخل المدرسة (سلوك المعلمين، تنظيم المنهج، ثقافة المدرسة، ... الخ). وبالتالي فان الباحث لا يهتم في هذه الحالة بضبط هذه المتغيرات. ويمكن تصوير هذا النموذج من خلال المخطط التالي:

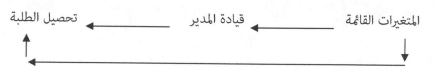

ويتم دراسة العلاقة بين نمط القيادة ومخرجات التعلم. غير أن هذا المدخل لم يأخذ في الحسبان العمليات الجارية في المدرسة.

(Leithwood, et a1., 1990; Leitner 1994).

2. نموذج المتغيرات المطلقة Moderated-effects Model: يقوم هذا الافتراض على أساس أن العوامل الاقتصادية والاجتماعية للطلبة تعمل كمتغير ثالث يلطف العلاقة بين نمط الإدارة ومخرجات المدرسة (Andrews, et a1.,1987; Rowan, et a1., 1984).

ويمكن تمثيل هذا النموذج من خلال المخطط التالي:

قيادة المدير		تحصيل الطلبة		(في غياب المتغير الثالث)
قيادة المدير		تحصيل الطلبة		(في حضور المتغير الثالث)

وقد يؤدي المدير ضمن هذا النموذج دور المتغير المستقل فقط، أي الشخص المؤثر في العلاقة بين القيادة والمخرجات، وقد يلعب المدير دور الشخص المؤثر والمتأثر ببيئة المدرسة ومتغيراتها في الوقت نفسه (Pitner, 1988, p.106). كما أن هذه العوامل قد تؤثر في تحصيل الطلبة بصورة مباشرة أو غير مباشرة (عبر سلوك المعلم مثلا).

3. نموذج المتغيرات الوسيطة Mediated-effects Model: تفترض هذه المقاربة أن الأثر الذي يحدثه المدير في مخرجات المدرسة المرغوبة يتم من خلال التفاعل مع خصائص تنظيم المدرسة (Eberts, et a1.,1988; Silins, 1994). ويتسق هذا التصور مع القول بأن المديرين يحققوا النتائج من خلال الأشخاص الآخرين (Bridges, 1977). ويمكن تصوير هذا النموذج من خلال المخطط التالي:

المتغيرات القائمة   قيادة المدير   المتغيرات المدرسية والصفية

تحصيل الطلبة

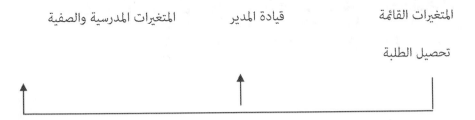

وهذا هو اقرب نموذج لنماذج إدارة المدارس.

4. نموذج العلاقات المتبادلة Reciprocal-effects Model: يفترض هذا النموذج وجود علاقة تبادلية بين المدير وخصائص المدرسة، فالمدير قد يحدث تغييرات تؤدي بدورها إلى تأثيرات متبادلة في المتغيرات الأصلية (الإدارة). وبالمقابل فان المدير قد يكيف سلوكه القيادي بما يلائم التغيرات الطارئة على مخرجات المدرسة. ويتطلب دراسة هذا النموذج استخدام الدراسات الطولية. ويمكن تمثيل هذا النموذج من خلال المخطط التالي:

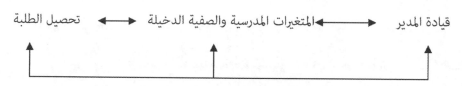

(البوهي، 2001، ص381)

إن عملية التقييم في أي نظام تشكل بعدا مهما من أبعاد ممارساته. فإدارة النظام وقيادته تستخدم عملية التقييم للوصول إلى أفضل قرارات ممكنة تتعلق بإدارة العاملين فيها. كما يستخدم التقييم لتحديد حاجات النظم المتعلقة بالتدريب والتطوير فالتقييم يبرز المهارات والكفايات التي تتطلب تطويرا وعلاجا كما يمكن الاستفادة من التقييم كمعيار يتم في ضوءه تبرير اختيار برامج النظام وتطويرها. كما ويفيد التقييم كوسيلة تغذية راجعة يتعرف العاملون في النظام من خلالها إلى وجهة نظر النظام في اداءاتهم. والتقييم يساعد على التوفيق الهادئ بين متطلبات المجتمعات وما فيها من نشاطات اجتماعية متنامية وبين بنى نظم هذه المجتمعات بحيث يتم إحداث تغيير سلس بعيد عن تعريض هذه النظم للهزات أو التوترات العنيفة. فالتقييم الهادف المستمر يعمل كأداة صيانة وحماية للنظام المعين، نظرا لان التقييم يعنى بالتكييف والتسوية التدريجية للأمور مما يجعل من حدوث التغيير وكأنه أمر طبيعي (الطويل، 1999، ص260).

وهناك ثلاثة صور للأداء الفعال هي:

أ.   **الأداء المخطط Planning Performance**: ويؤكد هذا الأداء على أهميـة وجود رؤية مشتركة عن الأداء المتوقع بين المـدير والأفراد العـاملين مـن خـلال التوصيـف الوظيفي، ومعايير الأداء، والأهداف المحددة.

ب.   **الأداء المدعم Supporting Performance**: يتمتع مـدير المدرسـة بـدور فعال في تدعيم الأداء وتحفيز الأفراد العاملين تجاه العمل، وتنظيم الموارد، ووضـع بـرامج لتدريبهم، والتخلص من بعض المعوقات التي قد تقف حائلا دون بدء برامج التدريب.

ج.   **المراجعة المستمرة Ongoing Review**: تعتبـر إحـدى الإجـراءات الهامـة للأفراد العاملين لتنفيذها بغرض التخطيط لعملهم وتحسين أدائهم، وذلك من خلال وجود بعض المعلومـات المشـتركة، وتهـدف هـذه المراجعـة إلى تسـهيل الأداء المسـتقبلي للأفراد العاملين وإتاحة الفرص لهم للتحسين (الغريب وآخرون، 2004، ص202).

كما وينظر لعملية الأداء على أنها من العمليات الإدارية الأساسية ومن المواضيع الحساسة التي تثير اهتمام الإداريين لما لها من آثار على فاعلية الأداء على الروح المعنوية، وهي عملية دورية ومستمرة، فهي من العمليات التي تتكرر بصورة منتظمة (ستراك، 2004، ص50).

مفهوم الأداء الفعال Effective Performance Determinants:

يعرف الأداء الوظيفي الفعال على انه الأثر الصافي لجهـود الفـرد التـي تبـدأ بالقـدرات، وإدراك الدور والمهام ويعني هذا أن الأداء في مواقف معينة يمكن النظر إليه على انه نتاج للعلاقة المتداخلة بين كل من:

1.   **الجهد**: الطاقة الجسمانية والعقلية التي يبذلها الفرد لأداء مهمته.

2. **القدرات:** الخصائص الشخصية المستخدمة لأداء الوظيفة ولا تتغير وتنقلب هذه القدرات عبر فترة زمنية قصيرة.

3. **إدراك الدور والمهام:** الاتجاه الذي يعتقد الفرد انه من الضروري توجيه جهوده في العمل من خلاله.

وتوجد مجموعة من العناصر التي تشكل الأداء الفعال في المدرسة وهي:

1. **التجديدات:** قدرة المدرسة على تقبل التجديد، وإدارة الوقت بطريقة تسمح بتحسين أداء الفرد، وتنمية اتجاهات الأفراد نحو التجديد.

2. **الإبتكارية:** تشير إلى القدرة على تحويل الأفكار لخبرات نجاح، والاتجاهات للابتكارية والجودة.

3. **الأداء الإداري:** وهو الأداء الوظيفي بالقسم والجماعة، والأداء على جميع المستويات الإدارية بدءا من المدير العام والموجه.

4. **التنمية الإدارية:** وتتضمن مجالات القوى والضعف، والتقدم والتطوير، وتنمية القدرات وتطوير المهارات والمعرفة، وتكوين اتجاهات حقيقية لتعديل السلوك.

5. **أداء العاملين:** من حيث مجالات القوى والضعف، وتطوير مهاراتهم وبرامج التدريب.

6. **هيكل قوي العمل:** ويتسم بالمرونة في الاتجاهات والسلوك، والقدرة على تعديل السلوك ونماذج العمل، وفرصة التوظيف المستمر، والعلاقة بين المدير والعاملين.

7. **ثقافة المدرسة:** وتشير إلى المدى الذي تتسم فيه القيم بالايجابية والسلبية والدافعية والروح المعنوية، والعلاقات داخل العمل.

8. العلاقات الأساسية: والتي تتم بين العاملين والموردين والعملاء والمجتمع.

وينبغي أن يعمل مدير المدرسة على تقبل هذه العناصر بطرق مختلفة، وتعتمد طبيعة العمل الإداري على ما يقوم به مدير المدرسة على المستوى الفردي والمستوى التنظيمي بحيث يعمل على زيادة فعالية العمل الإداري. وتوجد مجموعة من الخصائص التي تميز العمل الإداري ونعرضها فيما يلي:

1) الاستجابة:

فكثير مما يفعله مديري المدارس يعتبر أمرا ضروريا بل من الواجب عليهم الاستجابة السريعة للمشكلات التي تتعرض لها المدرسة من خلال إدارة الوقت بكفاءة وفعالية، وجدير بالذكر أن هذه الاستجابة لا يجب أن تكون عشوائية فتؤدي إلى نتائج سلبية وغير متوقعة.

2) تحديد وصنع الاختيار:

يمارس المدير عملية الاختيار في العمل من خلال المناقشات، والتفاوض بهدف إعطاء تفسيرات مختلفة لمعوقات وأبعاد الأداء الإداري مع التركيز على عمليات التطوير والتحسين وسبل الاختيار، ومن ثم فان عملية الاختيار لابد أن تتم وفق معايير محددة تقيس المهارات والقدرات الضرورية لإنجاز العمل.

3) الاتصال:

ويعتبر من أهم الأنشطة الإدارية التي تتكون من قيام الآخرين بفعل الأشياء التي عليها المدير وينتج ذلك نوع من الاتصال الشفهي في فترات محددة، ولذا فان الاتصال بين كل من الأفراد العاملين وإدارة المدرسة يساعد على تحسين الأداء المدرسي.

4) **تحديد المهام:**

يعتبر العمل التنظيمي احد المهام الرئيسية لمديري المدرسة حيث يستطيع تحديد المشكلات التي تتعرض لها المدرسة، وينبغي أن يتم تحديد المهام والواجبات التي يتم تكليف العاملين بها ومتابعة مدى إنجازهم لها بصورة دائمة.

5) **الطبيعة المتغيرة للعمل:**

تتنوع شخصية العمل عبر مرور الوقت عقب بقاء الفرد في المدرسة، حيث يكتسب العامل بعض الخبرات حول العمل الإداري داخل المدرسة، فيصبح قادرا على التكيف على ظروف العمل المتغيرة (الغريب وآخرون، 2004، ص205).

وإذا أخذ بعين الاعتبار اتساع ميدان مدير المدرسة وتعقده المتزايد في ضوء التغير والتطور المتسارعين، والدور القيادي الذي يضطلع به القادة التربويون ومنهم مدير المدرسة في توجيه هذا التغيير، فان هذه الاعتبارات تفرض متطلبات معينة لا يستطيع مدير المدرسة أن يفي بها إلا إذا مارس تقويم أدائه دوريا بحيث يمكنه في فترات محددة أن يرى نفسه بالنسبة لما يجب أن يكون عليه، فضلا عما يشير إليه هذا التقويم من ايجابيات كثيرة، منها رغبته في التجديد ووعيه المستمر على متطلبات قيادته وعلى حدود ميدان عمله وولاءه للمهنة بأخلاقياتها (رمزي، 1995، ص7).

ويحقق نظام تقويم الأداء فوائد كبيرة لكل من المديرين وتلك المؤسسات التي يعمل بها المديرون والموظفون أيضا، حيث يساهم تقويم الأداء في تطوير القدرات الذاتية للأفراد كونه يبصرهم بجوانب ضعفهم ويدلهم بصورة تلقائية على معالجة الضعف لديهم، كما يساعد في رفع معنويات الأفراد الذين يكون مستوى أدائهم مرتفعا ويبرز العلاقات الإنسانية بين العاملين (ستراك، 2004، ص49).

وقد عرف الغريب (2004) الأداء على انه قيام الشخص بالأعمال والواجبات المكلف بها للتأكد من صلاحيته لمباشرة مهام وأعباء وظيفته، وهو بذلك عبارة عن سلوك عملي يؤديه فرد أو مجموعة من الأفراد أو مؤسسة، ويتمثل في أعمال وتصرفات وحركات مقصودة من اجل عمل معين لتحقيق هدف محدد أو مرسوم.

ويشير إلى السلوك أو الطريقة التي تستطيع المدرسة من خلالها تحقيق أهدافها، ويوضح التعريف السابق أن الأداء يتضمن مدخلات وهي فعل الأشياء أو تحقيق الأهداف، ومخرجات وهي النتائج التي تم تحقيقها. ومن هنا لابد من التمييز بينه وبين النتائج.

ويعرف على انه السلوك الذي يؤديه الفرد أو مجموعة من الأفراد أو مؤسسه بهدف تحقيق هدف أو أهداف محددة، ويتضح هذا السلوك في أعمال وتصرفات الأفراد وبعض حركاتهم المقصودة.

ومن هنا يمكن تعريف الأداء على انه مجموعة الأهداف التي تسعى المدرسة إلى تحقيقها من خلال بعض الأفراد العاملين بها نتيجة التفاعل بين قدرات الفرد ودافعيته نحو العمل.

ويستخلص من التعريف ما يلي:

1. ضرورة وضوح أهداف ومعايير الأداء.

2. أهمية وجود موارد مناسبة.

3. توافر الدعم والإرشاد من قبل إدارة المدرسة.

(الغريب وآخرون، 2004، ص200)

ويرى ستراك انه لابد لعملية تقويم الأداء من أن تعد وتصاغ بحيث تخـدم تحسـين الأداء الإداري وترفع مستوياته، حيث يحتاج الإداريون في اغلب الأحيان إلى إرشادات واضحة تـؤدي إلى رفع مستوى أدائهم، على أن تكون إرشادات محددة ومناسبة تحقق الأهداف المرتبطة بالعمل وفق قدراتهم وطاقاتهم (ستراك، 2004، ص50).

مستويات الأداء في المدرسة:

توجد ثلاثة مستويات للأداء وهي:

1. **الأداء التنظيمي Organizational Performance:**

فالتنظيم عبارة عن نظام كلي أو جزئي يحتاج إلى مجموعة من المدخلات ويقدم عددا من المخرجات لعملائه. ويتكون الأداء التنظيمي من العناصر الأساسية التالية:

أ‌- **الاستراتيجية والأهداف** وتهتم بالعملاء والمستفيدين أو الجهات التي ستوجه لها الخدمات أو المنتج.

ب‌- **الهيكل التنظيمي:** يركز التحليل هنا على مستوى كفاءة وفعالية هذا الهيكل ومدى قدرته على خدمة العمليات التي ستنتج المنتج.

ج‌- **المقيـاس:** وهـو الأداة التـي يـتم اسـتخدامها بطريقـة تخـدم الاسـتراتيجية والهدف.

د‌- **الإدارة:** وتتضمن كيفية تسـيير الإدارة في مسـارات واتجاهـات وكيـف تكـون عملية التصحيح.

2. **الأداء على مستوى العمليات Process Performance:**

يركز على التأكد من وجود العناصر التالية:

أ-   العمليات ومدى ضرورتها وأهميتها لتحقيق استراتيجيات المدرسة.

ب- أهداف العمليات حيث يجري التأكيد على توافق وتكامل تلك الأهداف مـع أهداف المدرسة ككل.

ج- تصميم أو هيكلـة العمليـات، وهنا يتم التأكد مـن أن تصـميم العمليـات وهيكلتها موجهة لخدمة أهداف العمليات ومتطلباتها.

د-   قياس العمليـات: حيـث يتم التأكـد مـن أن نظـام الإدارة للعمليـات كفـء وفعال.

3.   الأداء الوظيفي Job Performance:

توجد مجموعة من المعايير التي تحدد مستوى فعالية الأداء الوظيفي وهي:

أ.   وجود الوظيفة ومدى ضرورتها لإنتاج العملية.

ب. أهداف الوظيفة أو ما يسمى الاختصاص من العام للوظيفة ومدى تناسبها مع أهداف العملية، مدى تناسب الوظيفة مع الأهداف المحددة من قبل.

ج.   تصميم الوظيفة وهيكلتها مما يسمح بتحقيق أداء وظيفي كفء وفعال.

د.   قياس الوظيفة: حيث يجري التأكد من إمكانية قياس الأداء الوظيفي.

ه.   إدارة الوظيفة: حيث يتم عن طريق عملية مراقبة أداء الوظيفـة وتحليلهـا وتصحيح الانحرافات في الأداء.

ولا بد من وجود نوع من التناسق والانسجام في الأداء بين جميع المستويات مع بعضها البعض حتى تستطيع المدرسة تحقيق الأهداف التي تسعى إليها (الغريب وآخرون، 2004، ص202).

فاعلية القيادة وجودتها:

تشمل فاعلية القيادة وجودتها العناصر التالية:

1. مدى القدرة على الاستثمار الأمثل لكل الإمكانات الفنية والبشرية والمعنوية المتاحة للمدرسة ولمجتمعها المحلي، وحشدها للحصول على أقصى ـ طاقة إنتاجية، وتحقيق التميز المستند على كل قدرات المؤسسة المدرسية.

2. مدى توظيف التواصل البناء، وتعزيز الحوار الايجابي بين جميع أعضاء المجتمع المدرسي لتطوير العملية التربوية.

3. مدى إثارة الفكر النقدي الفعال من خلال المجالس واللجان الفنية المختلفة لخدمة حاجات المتعلمين والمعلمين وعمليات التجديد والتطوير.

4. مدى التمكن من التقنيات البحثية المختلفة للتعامل الفعال مع نظم المعلومات الإدارية، ونظم دعم القرار.

5. مدى القدرة على التفكير بطريقة ابتكاريه واسعة للتنبؤ بالمشكلات وحلها واغتنام الفرص.

6. مدى وجود نظام جيد لتحليل مؤشرات الأداء، ورصد المؤشرات الدالة على احتمالات التغيير.

7. مدى استخدام الأساليب والآليات المناسبة في حل المشكلات ومواجهة القضايا التي تواجه المؤسسة المدرسية وصنع القرارات.

8. مدى حرص أعضاء المجتمع المدرسي على انجاز مهماتهم بكفاءة عالية وفعالية، مما يسهم في تحقيق الأهداف المنشودة.

9. مدى تفويض الصلاحيات والمسؤوليات لأعضاء المجتمع المدرسي مع التأكيد على مبدأ المساءلة.

10. مدى القدرة على إجراء التقويم المستمر للعمليات والاستجابة السريعة لنتائج التغذية الإسترجاعية.

11. مدى متابعة القرارات التي يتم اتخاذها للتأكد من حسن تنفيذها.

12. مدى القدرة على تأصيل عملية التغيير والتجديد التربوي والإداري في المؤسسة المدرسية.

13. مدى مراعاة المراجعة الدورية لكل الإجراءات والنظم وتعديلها أو تغييرها، استجابة لنتائج الدراسات والتقويم، ومنع تجمدها وتحويلها إلى روتين يعيق الأداء والتطوير التربوي.

14. مدى قدرة المؤسسة المدرسية على تطوير توقعاتها بشكل مستمر.

15. مدى تطبيق نظام فعال للرقابة على الأداء وتقييم الانجاز.

16. مدى تحقيق العدالة والموضوعية في تقويم أداء أعضاء المجتمع المدرسي والحكم على كفاءتهم.

17. مدى القدرة على تنمية قادة للتغيير، يمتازون بالقدرة على الإبداع والابتكار وبناء رؤية مستقبلية وإدارة فرق العمل بفعالية.

18. مدى تطبيق نظام سليم للحوافز المالية والمعنوية ضمن نطاق المعقولية وعلى أسس سليمة.

19. مدى صياغة المؤسسة المدرسية لتقاريرها وأوراق العمل والدراسات التي تعدها بشكل واضح ومتكامل (العبد الله، 2002، ص158).

إدارة الفاعلية:

توصل الباحثون لوضع بعض المبادئ التي يمكن أن تعتمد لزيادة فاعلية المدرسة:

1. البرامج التي تهدف إلى تحسين أداء المدرسة يجب أن تكون نابعة من المدرسة ومركزة عليها، كما يجب أن تنظر إلى المدرسة بشمولية.

2. يجب ألا يقتصر التغيير على الأمور الشكلية والتنظيمية فحسب، وإنما يجب أن يأخذ بعين الاهتمام قضايا أكثر أهمية، كالاتجاهات والمشاعر والعلاقات الإنسانية بين أعضاء الهيئة التدريسية.

3. يجب أن يحصل التغيير نتيجة للمراجعة الموضوعية والتقييم الجاد للمدرسة، لما يقدم ذلك من معلومات موضوعية يمكن البناء عليها.

4. التغيير في القضايا التنظيمية ينبغي أن يقترن بتطوير للأساليب التعليمية، وتحسين في المناهج التعليمية، حتى يكون مقنعا ومرضيا في آن واحد للهيئات التدريسية.

5. عملية التغيير ينبغي أن تكون بعيدة المدى وتمر في المراحل الآتية: مراجعة، تحسين، تقييم، تحسين أكثر وبصورة مستمرة (وزارة التربية، 2004، ص51).

والإدارة الفعالة هي الإدارة التي تحسن استخدام مواردها البشرية بكفاءة لتحقيق نتائج مرجوة، ولذا فالإدارة المدرسية الفعالة هي الإدارة الواعية بوظيفتها

الأساسية في تهيئة الظروف المادية والمعنوية بتفهمها لأهداف المرحلة التعليمية، وأهميتها في السلم التعليمي، مشجعة لتلاميذها ولمدرسيها، وتكون قادرة على ترجمة فلسفة وأهداف المرحلة التعليمية، وهي التي تعمل جنبا إلى جنب مع الإدارة التعليمية من خلال خطة عمل متكاملة.

وتحتاج الإدارة المدرسية الفعالة إلى قيادة رشيدة واعية يمارسها مدير فعال قادر على ممارسة علاقات إنسانية طيبة وتهيئة جو مناسب للعمل المدرسي وظروف اجتماعية مناسبة في بيئة العمل والقيادة الفعالة أيضا هي التي تشجع وتساعد على تنمية التفكير ألابتكاري لدى المعلمين والطلاب، وهي التي تساهم على تنمية القدرة عند المعلمين والتلاميذ على التقويم الذاتي والاتجاه نحو الموضوعية والتفكير العلمي السليم في معالجة القضايا والمشكلات داخل وخارج المدرسة (أحمد وحافظ، 2003، ص 52).

وعند الحديث عن فاعلية الأداء المؤسسي في المدارس الثانوية الحكومية في إقليم الشمال فإننا لا نستطيع الحديث عن هذه الفاعلية بمنأى عن مجالات هذه الدراسة السبعة كل مجال على حدة:

1) مجال التخطيط الاستراتيجي:

يرى (الجبر، 2002، ص108) أن المدير الناجح هو المدير الذي يصنع الخطط المستقبلية للمدرسة يستثمر من خلالها كل المواقف التي يواجهها، ويضمنها كذلك ثمرة تجاربه وممارساته الايجابية حتى لو لم يستمر هو في العمل في المدرسة، هذا الإجراء يساعد على إشاعة روح الاحترام للمدير ويغرس روح الولاء والانتماء للمدرسة لدى العاملين ويقلص من شعورهم بالتغيرات التي سيحدثها المدير الجديد.

والتخطيط في فحواه يعني السيطرة على الوقت، ومدير المدرسة الذي لا يلجأ إلى تخطيط أوقاته وبيان كيفية إدارتها سوف يقضي جل وقته في تصريف أمور ثانوية روتينية، ولذلك يساعده التخطيط على جدولة المهام الرئيسية الواجب القيام بها حتى لا ينساها في خضم يومه المفعم بالأحداث والمراجعين.

في حين يرى (البوهي، 1999، ص223) أن التخطيط المستقبلي أو الاستراتيجي يفترض أن المؤسسة التربوية نظام مفتوح يتميز بالديناميكية والتغيير المستمر والتفاعل المتبادل مع بيئتها الخارجية غير المستقرة، كما أنه يركز على المعلومات الكمية والكيفية معا. والقرارات الحدسية المتعلقة بالالتزامات المالية ويستخدم الاتجاهات الحالية والمستقبلية لاتخاذ قرارات تتعلق بالحاضر والمستقبل على السواء، كما أن هناك بعض المتغيرات التي ينبغي فحصها وتقويمها في المؤسسة ومنها:

— الميزانيات والمصادر المالية المتاحة واللازمة.

— عدد الطلاب حسب الجنس.

— عدد الطلاب حسب الصف الدراسي.

— العرض والطلب من الطلاب.

— العرض والطلب من المدرسين.

— خصائص المناهج الدراسية من حيث التوعية والاستجابة لسوق العمل.

— كفاءة القيادات الإدارية.

كذلك يرى (علام، 2003، ص89) أن الخطة الإستراتيجية تحدد التوجه المستقبلي للمؤسسة من اجل التطوير والاستمرارية، وهي تعد أساسا

لتطوير الخطتين المتوسطة والإجرائية، فالخطة المتوسطة تبدأ بتطوير السياسات الداخلية التي تصاغ في عبارات موجزة تستخدم كمرشد لصنع قرارات تنفيذ الخطة الإستراتيجية وتكون متسقة مع هذه الخطة وأهدافها، أما الخطة الإجرائية فهي تحدد الخطوات العريضة للأنشطة والأفعال التي سيقوم كل قسم أو إدارة أو وحدة بتنفيذها على مدى زمني قصير وليكن عاما واحدا أو أقل، وكذلك تحدد الميزانية المطلوبة لتنفيذ هذه الأنشطة.

في حين يرى (الخطيب، 2006، ص267) أنه يمكن تقسيم وظائف القيادة الإستراتيجية إلى الوظائف التالية:

1. توفير الاتجاه للمؤسسة ككل (الغاية أو الرؤية).

2. صياغة الإستراتيجية والسياسية بشكل سليم (التفكير والتخطيط الاستراتيجي).

3. التنفيذ / المسؤولية التنفيذية الشاملة (العمليات، الإدارة).

4. التنظيم أو إعادة التنظيم (التوازن بين الكل والجزء واستعداد المؤسسة للمتطلبات الظرفية).

5. إطلاق روح العمل الجماعية (الطاقة، الروح المعنوية، الثقة).

6. إرساء علاقة المؤسسة بالمؤسسات الأخرى وبالمجتمع المحلي ككل (الحلفاء والشركاء والمساهمون).

7. اختيار قادة اليوم وتطوير قادة المستقبل (التعليم والتدريب، والقيادة بالقدوة الحسنة).

2) مجال القيادة المدرسية

يرى (الشبول، 2002) أن التجربة اليابانية أظهرت أن المدير يلعب دورا إداريا وفنيا رئيسا، باعتباره القائد الأول في المدرسة ويساعد المدير في ذلك مساعده، وعليه لابد أن يتميز المدير بدرجة عالية من النضج والخبرة الإدارية والتعليمية الواسعة، وأن لا تقل خدمته عن العشرين عاما في التعليم ويمر بمرحلة مساعد مدير قبل أن يصبح مديرا، ويتمتع بصلاحيات إدارية نهائية فيما يتعلق بمدرسته من حيث:

— الإشراف الإداري التام على المدرسة.

— الإشراف التربوي على المعلمين.

— اختيار المعلمين.

ولا تقتصر خدمات المؤسسة التربوية على الطلبة فقط على رأي (السرور، 2000، صالح، 2001) بل تتعداهم إلى الطلبة ذوي الاحتياجات الخاصة كما أن المدرسة الفاعلة تتسم ببيئة آمنة منظمة ديمقراطية ذات قيادة تربوية فعّالة تسعى إلى التطوير المهني للمعلمين وللإدارة المدرسية لتقديم الخدمات المتميزة للطلبة الموهوبين والمتميزين.

وقد أكدت كثير من الدراسات على أهمية النمط القيادي لمدير المدرسة، وضرورة توافر خطوط عريضة عامة موجهة للعملية التربوية، كوجود إطار عام للمناهج الدراسية لتوجيه العملية التعليمية - التعلمية في موقع المدرسة، وتحضير الأفراد لرؤية أعمالهم من وجهة نظر جديدة، وخلق وعي لديهم للمهمة أو رؤية المؤسسة، وتطوير القدرات الأخرى لديهم إلى مستويات أعلى من الأداء. والتحفيز نحو منفعة المجموعة أو المؤسسة، وعلى هذا الأساس على المدير أن يكون قائدا مثاليا قادرا على إدارة مدارس التميز من خلال تطوير شخصية الطالب لجعله

قادرا على تحديد الأهداف واتخاذ القرارات، وحل المشاكل، وتطوير المهارات الاجتماعية والعاطفية، والكفاءة الأكاديمية لديهم، وتحفيز المعلمين والهيئة الإدارية على المشاركة الفعالة في عملية التطوير (عماد الدين، 2004) (Bencivenga & Elias,2003) (Zemmerman,2005).

ولا تعتبر الإدارة عامل نجاح في المؤسسة التربوية فحسب على رأي (شقير) بل هي عامل نجاح كذلك حتى في المؤسسات التربوية التي تعنى بذوي الحاجات الخاصة كالموهوبين والمبدعين، حيث تقع على عاتقها توفير مناخ ملائم مبني على التسامح والعدالة، والحرية والديمقراطية والاحترام. فإن من أهم الواجبات والمسؤوليات التي تقع على عاتقها تشكيل نظام مدرسي مبني على أساس التعلم والتنمية واستخدام التكنولوجيا الإدارية في هذه العمليات والارتفاع بمستوى أداء المعلمين (شقير، 2001) (عطوي،2004).

3) مجال التعليم أو التدريس:

يرى (منسي– 2000، ص45) أن للتقويم التربوي عددا من الطرق والتقنيات المرتبطة بالمعلم، وإن عملية التقويم التربوي ليست عملية جمع بيانات عن المتعلمين فحسب وإنما هي عملية مستمرة تتضمن كل من عمليتي التعليم والتعلم، وكذلك يرى أن أساليب التقويم المختلفة توفر بيانات تربوية مهمة وعلى المعلمين تفسيرها واستخدامها في اتخاذ القرارات التربوية، فوسائل التقويم المختلفة هي وسائل للحصول على بيانات أكثر شمولا وموضوعية وتنظيما ويمكن الاعتماد عليها في اتخاذ القرارات التربوية.

أما (البدري، 2005،ص50) فيرى أن الهدف الأساسي للمدرسة هو التربية، فهي مكان للتعليم والتعلم والذين يقومون على أمرها يعلمون هذه الحقيقة ويعلمون من أجلها فالنشاط التربوي هدفها وكل ما تقوم به لتقدم التعليم مبني

على أساس له مسؤوليته فالمدرسة تنظيم اجتماعي مشكل عن قصد للقيام بالعملية التربوية وذلك تمييزا لها عن بقية المؤسسات الاجتماعية الأخرى التي تقوم بالتربية عن غير قصد.

4) مجال تكنولوجيا المعلومات:

يرى (الصوفي، 2002،ص30) أنه لما كانت المؤسسات التعليمية تسعى لبناء أبناء الغد، فإن عليها أن تثري حياة الأطفال والتلاميذ والطلبة بكل وسيلة تعليمية حديثة ممكنة وتقدم لهم فرص الاستكشاف وتطوير الإدراك، وإذا تمكنا من توفير الوقت وزيادة الفاعلية باستخدام الوسائل التعليمية المتاحة فإننا في نفس الوقت نتيح مشاركة مباشرة بين المعلمين والجماعات الصغيرة من التلاميذ ونعطي مزيدا من الوقت للمعلمين للتخطيط لنشاطاتهم التعليمية وإعداد الموارد التعليمية التي يرغبون في استخدامها في المواقف الصفية.

أما (السيد، 2004،ص9) فيرى أن تكنولوجيا المعلومات تثري نوعية التعليم، فاستخدام الكمبيوتر قد يزيل بعض العمل المجهد وغير المنتج في جمع المعلومات والبيانات، بالإضافة إلى أن تكنولوجيا المعلومات توفر المجال للتركيز وتعطي المتعلمين فرصة للعمل الفردي طبقا للسرعة الخاصة بكل منهم. وتشجع تكنولوجيا المعلومات أيضا على التعارف والمشاركة وتبادل الاتصالات بين طالبين أو مجموعة من الطلاب مما يؤدي إلى ترقية العمل.

5) مجال المناخ التنظيمي:

يرى (الخطيب، 2006، ص204) بأن المناخ التنظيمي هو إشارة إلى الملامح العامة أو الجو العام الذي يسود في مؤسسة ما، ولقد شبه احد علماء الإدارة المحدثون المناخ التنظيمي بالشخصية الإنسانية، فالمناخ التنظيمي السائد في أي مؤسسة يشعر الزائر لتلك المؤسسة منذ الوهلة الأولى. فإما أن تستقبلك المؤسسة

بشخصيتها المشرقة والتي تتمتع بالحيوية والايجابية والمعافاة، وإما أن تستقبلك بشخصيتها المريضة والتي تعكس الاضطراب والسلبية والعجز.

أما (جروان، 1999، ص372-376) فيرى أنه من المتوقع أن يكون المناخ المدرسي الذي يهيئ لجميع أفراد المدرسة قادرا على أن يكون مناخا تعليميا ديمقراطيا صالحا لتطوير عناصر الموهبة والإبداع لدى الجميع، وتطوير الفلسفة والأهداف الخاصة بالمدرسة، والتي تساعد على وضوح الرؤية والهدف وتنمية الإبداع، وتوفير الفرصة لجميع الأطراف المرتبطة بالعملية التربوية لمناقشة فلسفة التربية وأهدافها من اجل التوصل إلى قاعدة مشتركة ينطلق منها الجميع لتحقيق أهداف واضحة يتصدرها هدف تنمية الإبداع والتفكير لدى الطلبة والمعلمين.

6) مجال الامتحانات والاختبارات:

يرى (هوانه، 2001، ص123) أن التقويم المدرسي عملية إجرائية تهتم بتقويم جميع العوامل والمتغيرات المتعلقة بالتحصيل الدراسي، ومن ضمنها التحصيل الدراسي للطالب نفسه، والذي يعتبر أحد أهم عناصر التقويم، حيث أن الطالب هو محور اهتمام عملية التعليم والتعلم، وفي هذا الإطار نجد أن تقويم المناهج أيضا يدخل في مضمون التقويم المدرسي ويعتبر جزءا من هذه العملية، ومن العناصر المهمة أيضا في تقويم المدرسة، برامج الاختبارات المدرسية، وكلما اتسمت هذه البرامج بالشمول كلما كانت البيانات والمعلومات الناتجة عنها أكثر قيمة ومصداقية.

ويعتقد بعض الباحثين أن التقويم المدرسي يعتبر مرادفا لبرامج الاختبارات المدرسية School testing programs، والواقع أن تقويم أداء المؤسسة التربوية يتضمن أكثر من إدارة الامتحانات للطلاب، فعملية تقويم أداء المدرسة تشتمل على توليفة من الاستبانات، المقابلات، الملاحظات الشخصية بجانب معلومات تم

الحصول عليها من جميع الأفراد العاملين في المجتمع المدرسي سواء الإداريين أو المدرسين والأخصائيين الاجتماعيين وأولياء الأمور وغيرهم، ويرى (ياسين، 2001؛ العزة، 2002) أنه لتكامل العملية الإدارية على مدير المدرسة إجراء تقييم شكلي ودوري خلال السنة الدراسية أي أن المعلم ومدير المدرسة يحتاجان معلومات إضافية، بهدف تعديل الأهداف وتحسينها، وربما التنويع بهدف إعطاء تغذية راجعة سريعة ومستمرة للأطر التدريسية والإدارية المرتبطة بنقاط القوة والضعف، وتعديل البرنامج وتحسينه، أو التوسع فيه، والتعرف على اتجاهات الإداريين والمعلمين نحو المقومات التربوية المقدمة للطلبة. وتقديم تقارير لأولياء أمور الطلبة، ليكونوا على تواصل مستمر معها ودراية واعية بمضامينها وجدواها.

7) مجال العلاقة بين المدرسة والمجتمع

توضح الجمعية الوطنية لرؤساء المدارس الثانوية للولايات المتحدة الأمريكية (NAssP,2004) أن على مدراء المدارس تبني أسلوب القيادة التعاونية في مدارسهم، من خلال جعل التعليم أكثر ذاتية وسهولة للوصول للطلاب، وتطوير المناهج التي ستحسن مستوى الطلاب وتهيئتهم للجامعات وللوصول إلى قيادة تعاونية لا بد من:

1) المشاركة مع مؤسسات التعليم العالي لمنح الفرص للمعلمين والمديرين للتدريب.

2) تطوير خطط التعليم الشخصي للمعلمين وذلك لتحسين طرق التعليم.

3) تطوير الهيكل التنظيمي لتتضمن المعلمين وأولياء الأمور والطلاب في عملية اتخاذ القرار وذلك لجعل البيئة المدرسية أكثر شخصية (الباز، 2002).

ويرى (الثبتي، 2002، ص237) أنه من الصعب جدا أن تقوم أي مدرسة أو مؤسسة تعليمية في أي مجتمع من المجتمعات ببناء برامجها وأهدافها لغرض التصحيح والتغيير والتطوير ما لم تحظ هذه المدارس والمؤسسات التعليمية بموافقة ومساندة الدولة أو السلطة الاجتماعية أيا كان مصدرها على هذه البرامج، الأمر الذي تصبح معه القرارات السياسية والأهداف العامة للدولة مهمة جدا في اتخاذ القرارات المتعلقة ببناء المناهج والبرامج التعليمية وتوجيهها لإحداث التغييرات المطلوبة اجتماعيا بعمقها وشكلها ومحتواها المرسوم لها مسبقا في أذهان أصحاب القرارات في المجتمع، ولهذا يرى علماء اجتماع التربية أن النظم التربوية والتعليمية في حد ذاتها ما هي إلا إحدى المؤسسات الحكومية الفاعلة في أي بلد من بلدان العالم تهدف لإعداد الشباب للوظائف في نظم صناعية متغيرة ومتعددة.

الدراسات السابقة

سوف يتعرض الباحث في هذا الباب للدراسات السابقة التي تحدثت في موضوع الأداء المؤسسي على المستوى التربوي في الأردن وفي العالم العربي وكذلك الدراسات الأجنبية.

الدراسات الأردنية:

في دراسة قامت بها العزام (2006) بعنوان " تقدير درجة فاعلية إدارة مدارس الملك عبد الله الثاني للتميز من وجهة نظر العاملين فيها"، هدفت هذه الدراسة إلى تعرف مدى توفير الكفايات الإدارية، والسمات الشخصية لمديري مدارس الملك عبد الله الثاني للتميز، لتقدير درجة فاعلية إدارة هذه المدارس من وجهة نظر العاملين فيها، وتكون مجتمع الدراسة من جميع العاملين في مدارس الملك عبد الله الثاني للتميز، من مدراء وإداريين ومعلمين ومشرفين تربويين ومستخدمين والبالغ عددهم (198) فردا، أما عينة الدراسة فتمثلت بالعينة القصدية لمديري مدارس الملك عبد الله الثاني للتميز وثلاث مدراء من المدارس العادية والبالغ عددهم (6)، والعاملين في مدارس الملك عبد الله الثاني للتميز والبالغ عددهم (193).

وأظهرت الدراسة النتائج التالية:

1) أظهرت الدراسة أن مدارس الملك عبد الله الثاني للتميز لا تختلف عن مثيلاتها من المدارس العادية من حيث الكفايات الإدارية والسمات الشخصية، والعمليات الإدارية التي يقوم بها مديري مدارس الملك عبد الله الثاني للتميز.

2) أظهرت النتائج عدم وجود فروق ذات دلالة إحصائية تعزى للكفايات الإدارية والسمات الشخصية بين مدارس الملك عبد الله الثاني للتميز والمدارس العادية.

3) أظهرت النتائج عدم وجود فروق ذات دلالة إحصائية على مجالات الدراسة تعزى لمتغير الجنس، والعمر، وسنوات الخبرة في وزارة التربية والتعليم، وسنوات الخبرة في المدرسة الحالية.

4) أظهرت النتائج وجود فروق ذات دلالة إحصائية على مجالات الدراسة تبعا لمتغير المحافظة، كانت بين محافظة اربد ومحافظة السلط لصالح مدرسة السلط لمجال الكفايات الإدارية، والمجموع الكلي لهما، وبين محافظة الزرقاء ومحافظة السلط لصالح مدرسة السلط لمجالات الاتصال، والإشراف، والتنسيق مع الأهل والمجتمع المحلي والعمل معهم والتقييم.

5) أظهرت النتائج وجود فروق ذات دلالة إحصائية على مجالات الدراسة تبعا لمتغير المؤهل العلمي كانت بين محافظة اربد ومحافظة السلط لصالح السلط لمجال السمات الشخصية.

وفي دراسة العمايرة وأبو نمرة (2004) بعنوان " درجة فعالية أداء مديري المدارس ومديراتها في منطقتي عين الباشا وجنوب عمان التعليميتين في القيام بأدوارهم المتوقعة من وجهة نظرهم " في الأردن، هدفت الدراسة إلى معرفة الأدوار المتوقعة لمديري المدارس من حيث الإشراف التربوي، والنمو المهني للمعلمين، والتخطيط، والتقويم، والمجتمع المحلي، وشؤون التلاميذ. وقد تألف مجتمع الدراسة من مديري المدارس الحكومية ومديراتها، ومديري المدارس الخاصة، ومديراتها في لواء عين الباشا ومديري المدارس التابعة لوكالة الغوث الدولية ومديراتها في منطقة جنوب عمان. وبلغ عدد مجتمع الدراسة (91) مديرا ومديرة، منهم (39) مديرا.

ونظرا لصغر حجم مجتمع الدراسة ، فقد تكونت العينة من جميع أعضاء مجتمع الدراسة . وقد بينت النتائج أن (79.4%) من المديرين والمديرات يقوموا بأدوارهم المتوقعة بفعالية، وأن مجال النمو المهني للعاملين من أكثر المجالات التي يقوم بها المديرون والمديرات بفعالية، أما مجال الإشراف التربوي كان من اقل المجالات التي يقوم بها المديرون بفعالية. وكان أداء المديرين في المجالات: (التخطيط، والتقويم، والمجتمع المحلي، وشؤون التلاميذ) مقبولا. لا يوجد فروق ذات دلالة إحصائية في درجة فعالية أداء المديرين والمديرات في القيام بأدوارهم المتوقعة تعود إلى متغيري الجنس والمؤهل العلمي. ويوجد فروق ذات دلالة إحصائية في درجة فعالية أداء المديرين والمديرات في القيام بأدوارهم المتوقعة تعود إلى متغير السلطة المشرفة، ولصالح مديري وكالة الغوث الدولية ومديراتها.

وفي دراسة كراسنة (2003) بعنوان " فاعلية الأداء في نظام الخدمة المدنية الأردني: دراسة ميدانية من وجهة نظر العاملين في وزارة الصحة"، أوصت الدراسة بان يتضمن نظام تقييم الأداء حوافز ومكافآت مذكورة بنص صريح للموظفين ذوي الأداء العالي. وتطبيق مبدأ العلانية المطلقة بخصوص تقارير الأداء. وتشديد الإجراءات الرقابية على سجلات الأداء كونها المصدر الرئيسي لجمع المعلومات لغايات التقييم وطلبات الاعتراض، حتى يعلم الرئيس المباشر أن هناك مسائلة وإجراءات قانونية صارمة إذا لم يتم إعداد هذه السجلات.

كما قامت الفانك (2003) بدراسة بعنوان " المدرسة التي نريد من وجهة نظر مديري ومديرات المدارس الثانوية والمشرفين والتربويين في محافظة اربد " وقد هدفت الدراسة إلى التعرف على تصور لمواصفات المدرسة التي نريد من وجهة نظر مديري ومديرات المدارس الثانوية والمشرفين التربويين في محافظة اربد في أربع مجالات هي:

المجال الإداري.

المجال التعليمي.

مجال خدمة المجتمع المحلي.

المجال البيئي.

وكان من أهم نتائج الدراسة أن تصورات مديري ومديرات المدارس الثانوية للمدرسة التي نريد تركز على الاهتمام بالمجال الإداري يليه مجال خدمة المجتمع المحلي ثم المجال التعليمي وأخيرا المجال البيئي.

وفي دراسة لعماد الدين (2002) بعنوان " تقويم فاعلية برنامج تطوير الإدارة المدرسية في إعداد مدير المدرسة في الأردن لقيادة التغيير" والمطبقة على عينة من المدارس بدءا من العام الدراسي 1995/1994 والمتضمنة ثمانية أبعاد لقيادة التغيير، تطوير رؤية عامة مشتركة، وبناء اتفاق جماعي بخصوص الأهداف والأولويات، وبناء ثقافة مشتركة ونمذجة السلوك، ومراعاة الحاجات والفروق الفردية، والتحفيز الذهني أو الاستثارة الفكرية، وتوقع مستويات أداء عليا من العاملين وهيكلة التغيير. وقد شملت الدراسة (671) عضوا من هيئة العاملين في المدارس المشاركة في الدراسة، وعددها (24) مدرسة، إضافة إلى مديريها وعددهم (24) مديرا وهم الذين استجابوا لاستبانة قيادة التغيير، و(23) مشرفا منسقا للبرنامج، بينما شملت المقابلات الميدانية (24) عضوا من هيئة العاملين و(3) مديرين من المدارس التي تميزت بتطبيق البرنامج فيها، كما استخدمت الباحثة أسلوب التناظر، لإضفاء التكافؤ على مجموعات الدراسة الأربع التي تألفت كل منها من (6) مدارس، بحيث أن المدارس الست التي تم اختيارها من المجموعة التجريبية الأولى التي طبقت البرنامج اعتبارا من العام الدراسي 95/94 تناظر المدارس الست مثيلاتها من المجموعة التجريبية الثانية التي طبقت البرنامج من العام الدراسي 98/97، كما تناظر المدارس الست نظيراتها من المجموعة التجريبية

الثالثة، التي طبقت البرنامج منذ العام الدراسي 99/98، إضافة إلى اعتبارها تناظر مدارس المجموعة الرابعة الست غير المشاركة في البرنامج.

أما نتائج الدراسة فقد بينت أن الممارسات المرتبطة بقيادة التغيير بعامة تعكس السلوك الإداري الحقيقي السائد في المدارس، حيث دلت على نجاح البرنامج في تحقيق هدفها الرئيس بدرجة كبيرة. أما نمذجة السلوك، وبناء اتفاق جماعي بخصوص الأهداف والأولويات، وبناء ثقافة مشتركة، ومراعاة الحاجات والفروق الفردية فتعتبر من أهم أبعاد قيادة التغيير. أما نمذجة السلوك، فقد حصل على المرتبة الأولى حيث اعتبر جوهر قيادة التغيير ومحورها الرئيس. كما تعتبر إعداد الخطة التطويرية للمدرسة، وتطوير العملية التعليمية- التعلمية وتنظيم البرامج التدريبية وتعزيز روح الفريق، والتواصل بين العاملين، وتعزيز قيادة التغيير في المدرسة، وتوظيف البحث الإجرائي في خدمة العملية التربوية، وتوزيع الأدوار وتفويض الصلاحيات، وتبادل الزيارات، والخبرات التربوية، والتفاعل مع المجتمع المحلي من أهم نقاط القوة، أو الآثار الايجابية للبرنامج.أما ابرز نقاط الضعف في البرنامج هي: إدارة البرنامج والتخطيط له والإشراف عليه، وتوزيع الأدوار، وتفويض الصلاحيات وقيادة التغيير، وتنظيم البرامج التدريبية، وتبادل الزيارات، والخبرات التربوية، وتحفيز المشاركين في البرنامج، وتوفير التسهيلات للبرنامج وتعزيز إمكاناته. وقد أظهرت النتائج أن إستراتيجية قيادة التغيير المتبناة في المدارس الأردنية المشاركة في تنفيذ برنامج " تطوير الإدارة المدرسية" والمتميزة في تطبيقه، تنسجم بملامحها وخصائصها وأبعادها مع الدراسات المتخصصة في هذا المجال عالميا وتتفق مع مرجعيات البرنامج وغاياته الرئيسة محليا.

كما وقام الطالب (2001) بدراسة هدفت إلى معرفة اثر برنامج تطوير الإدارة المدرسية على أداء مديري المدارس ومديراتها في محافظة جرش، وقد تكونت عينة الدراسة من جميع المديرين والمديرات الذين خضعوا للبرنامج التدريبي

وعددهم (27) مديرا ومديرة، وقد تألفت استبانة الدراسة من (57) فقرة غطت المجالات الخمسة للبرنامج وهي التخطيط والعمل في فريق، والدور الإشرافي لمدير المدرسة، والبحث الإجرائي، والقيادة الإبداعية وقيادة التغيير، وقد توصلت الدراسة إلى أن اثر برنامج " تطوير الإدارة المدرسية " على تطوير أداء المديرين والمديرات الذين تعرضوا للبرنامج التدريبي كان واضحا فيما يتعلق بمجالات هذا البرنامج.

وفي دراسة قام بها الجرادات (1995) بعنوان "خصائص المدرسة الأساسية الفعالة في رأي مديري المدارس الأساسية في شمال الأردن"، هدفت الدراسة إلى التعرف على تصورات مديري المدارس الأساسية الفعالة ومدى توافرها في مدارسهم وبيان اثر مؤهلات المديرين وسنوات خبراتهم وجنسهم على تصوراتهم لخصائص الأهمية، ومدى التوافر لهذه الخصائص، وقد تكون مجتمع الدراسة من جميع مديري المدارس الأساسية في محافظات شمال الأردن (595) مديرا، وتم اختيار عينة الدراسة من جميع مديري المدارس الأساسية الحكومية التابعة لمديريات التربية والتعليم لمنطقة اربد الأولى والثانية ولواء بني كنانة والأغوار الشمالية والرمثا والمفرق وجرش وعجلون، وكان عدد أفراد العينة (595) مثلت ما نسبته 100% من مجتمع الدراسة، وقد توصلت الدراسة إلى النتائج التالية:

- حصلت خصائص المدرسة الأساسية الفعالة بشكل عام على أهمية عالية جدا وعالية من وجهة نظر مديري المدارس الأساسية الأردنية، حيث حصلت المجالات (القيادة الإدارية المدرسية، المعلم الفعال، التسهيلات المدرسية) على أهمية عالية.

- يرى مديرو المدارس الأساسية أن مدارسهم عالية الفعالية وأن أكثر المجالات تحققا في مدارسهم هي (القيادة الإدارية المدرسية، المعلم الفعال، المناخ

التنظيمي) بينما كانت اقل الخصائص تحققا هي التفاعل مع المجتمع المحلي والتسهيلات المدرسية.

وكان من أهم توصيات الباحث ضرورة اعتماد هذه الخصائص كمحكات للعمل والممارسة وان يتم تقييم أداء المدارس في صونها.

وقد أجرت الباحثة حداد (1993) دراسة بعنوان "درجة فاعلية المدرسة الثانوية الأكاديمية الحكومية في الأردن"، هدفت الدراسة إلى التعرف على درجة فاعلية المدرسة الثانوية الأكاديمية الحكومية في الأردن، تكونت الدراسة من (88) مديرا ومديرة و(176) معلما ومعلمة، و(176) موظفا وموظفة، (264) طالبا وطالبة، وقد اختيرت عينة الدراسة بطريقة الاختيار العشوائي من مجتمع الدراسة المكون من (512) مديرا ومديرة و(4198) معلما ومعلمة و(2118) موظفا وموظفة و(76377) طالبا وطالبة من المدارس الثانوية الأكاديمية الحكومية في الأردن. وأظهرت نتائج الدراسة أن درجة فاعلية المدرسة الثانوية الأكاديمية الحكومية في الأردن قد اختلفت بين أفراد عينة الدراسة، إذ كانت النسب المئوية لتقديراتهم لفاعلية المدرسة كما يلي:

الطلبة	64%.
المديرون	80%.
المعلمون	76%.
الإداريون	74%.

ودلت نتائج الدراسة وجود فرق إجمالي ذي دلالة بين متوسطات تقديرات أفراد عينة الدراسة لفاعلية المدرسة يعزى لاختلاف طبيعة العمل (مدير، معلم،

إداري، طالب) كما دلت النتائج على عدم وجود فرق ذي دلالة يُعزى للجنس (ذكور، إناث).

وخلصت الدراسة إلى أن درجة فاعلية المدرسة الثانوية الأكاديمية الحكومية في الأردن متوسطة. وأوصت الدراسة باستخدام المقياس لتشخيص فاعلية المدرسة الأساسية والمهنية ووضع برامج لزيادة فاعليتها وبالتالي تحسين وتطوير التعليم تمشيا مع خطة التطوير التربوي.

كما وقام المليحات (1993) بدراسة بعنوان " فاعلية إدارة المدرسة الثانوية الحكومية في تنمية المجتمع المحلي من وجهة نظر كل من المديرين والمعلمين وأولياء الأمور في مديرية التربية والتعليم لعمان الكبرى الأولى "، هدفت هذه الدراسة إلى الكشف عن فاعلية الإدارة المدرسة الحكومية في تنمية المجتمع المحلي من وجهة نظر المديرين والمعلمين وأولياء الأمور في مديرية تربية عمان الأولى.

وتكونت عينة الدراسة من (63) مديرا و(280) معلما و(372) ولي أمر وقد اختيرت العينة بطريقة الاختيار العشوائي من مجتمع الدراسة ولجمع المعلومات تم تطوير استبانه لقياس فاعلية الإدارة المدرسية، بالإفادة من الأدب التربوي المتصل بفاعلية الإدارة المدرسية.

وأظهرت نتائج الدراسة ما يلي:

1. أن مستوى تقديرات المديرين لفاعلية الإدارة المدرسية كانت مقبولة على جميع مجالات مقياس الفاعلية وعلى المقياس الكلي باستثناء المجال البيئي.

2. لا توجد فروق ذات دلالة إحصائية في تقديرات المديرين لفاعلية الإدارة المدرسية في أي مجال من المجالات أو المقياس الكلي تعزى لمتغير الجنس باستثناء المجال الاجتماعي.

3. توجد فروق ذات دلالة إحصائية في تقديرات المديرين لفاعلية الإدارة المدرسية في مجالي الصحة والبيئة على المقياس الكلي تعزى لمتغير المؤهل العلمي.

4. لا توجد فروق ذات دلالة إحصائية في تقديرات المعلمين لفاعلية الإدارة المدرسية في أي مجال من المجالات أو المقياس الكلي تعزى لمتغير الجنس باستثناء المجال البيئي.

5. لا توجد فروق ذات دلالة إحصائية في تقديرات المعلمين لفاعلية الإدارة المدرسية في أي مجال من المجالات (مجالات الدراسة) والكلي تعزى لمتغير المؤهل العلمي باستثناء المجال الاقتصادي.

6. أن مستوى تقديرات أولياء الأمور لفاعلية الإدارة المدرسية، كانت مقبولة في مجالين من مجالات مقياس الفاعلية وعلى المقياس الكلي وهما المجال التربوي والثقافي والمجال الاجتماعي أما تقديرات الفاعلية لباقي المجالات وللمقياس الكلي فلم تصل إلى الحد الأدنى المقبول.

7. توجد فروق ذات دلالة إحصائية في تقديرات أولياء الأمور لجميع مجالات مقياس الفاعلية وللدرجة الكلية تعزى لجنسهم.

8. توجد فروق ذات دلالة إحصائية في تقديرات أولياء الأمور لفاعلية الإدارة المدرسية في مجال الصحة وعلى المقياس الكلي تعزى للمؤهل العلمي.

9. توجد فروق ذات دلالة إحصائية في تقديرات أفراد الدراسة لفاعلية الإدارة المدرسية في جميع مجالات الدراسة ومجال قياس الفاعلية والمقياس الكلي تعزى لطبيعة العمل.

في دراسة قام بها أبو الرز (1991) بعنوان "فاعلية المدرسة الإعدادية في وكالة الغوث من وجهة المشرفين والمديرين والمعلمين"، وقد هدفت الدراسة إلى الكشف عن فاعلية المدرسة الإعدادية لوكالة الغوث الدولية في الأردن من وجهة نظر المشرفين والمديرين والمعلمين، وقد تكونت عينة الدراسة من (270) معلما و(111) مديرا و(45) مشرفا تربويا ممن يعملون في المدارس الإعدادية التابعة لوكالة الغوث الدولية في الأردن. وأظهرت نتائج الدراسة أن تقديرات أفراد عينة الدراسة لمدى توافر خصائص المدرسة الفاعلة في المدارس الإعدادية التابعة لوكالة الغوث الدولية في الأردن تقع فوق مستوى الفاعلية المدرسية المقبولة تربويا.

دراسات عربية:

وفي دراسة قامت بها البرعمي (2005) بعنوان " فاعلية المدرسة الأساسية الحكومية في سلطنة عُمان من وجهة نظر المشرفين والمديرين والمعلمين "، وقد هدفت هذه الدراسة إلى التعرف على فاعلية المدرسة الأساسية الحكومية في سلطنة عُمان من وجهة نظر المشرفين والمديرين والمعلمين، كما سعت الدراسة إلى التعرف على اثر كل من طبيعة العمل والجنس والمؤهل العلمي وسنوات الخبرة والمنطقة التعليمية على فاعلية المدرسة الأساسية، وقد كانت نتائج الدراسة أن درجة فاعلية المدرسة الأساسية من وجهة نظر المشرفين والمديرين والمعلمين كانت عالية في جميع مجالات الدراسة، عدا مجالي علاقة المدرسة بالمجتمع المحلي، ومجال المناخ المدرسي، إذ كانت فاعليتهما متوسطة من وجهة نظر المشرفين، كما وبينت نتائج الدراسة وجود فروق ذات دلالة إحصائية عند مستوى الدلالة ($\alpha = 0.05$) لجميع المجالات تعزى لمتغير طبيعة العمل، وكانت تلك الفروق لصالح المديرين والمعلمين، كما وجدت فروق ذات دلالة إحصائية عند مستوى الدلالة ($\alpha = 0.05$) تعزى لمتغير الجنس ولصالح الإناث، كما وجدت فروق ذات دلالة إحصائية عند مستوى الدلالة ($\alpha = 0.05$) تعزى لمتغير المؤهل العلمي ولصالح (فئة اقل من

بكالوريوس) وفئة (بكالوريوس)، كما وجدت فروق ذات دلالة إحصائية عند مستوى الدلالة (α = 0.05) تعزى لمتغير المنطقة التعليمية ولصالح المنطقة التعليمية.

وكان من أهم توصيات الباحثة إجراء دراسات لمعرفة تصورات أولياء أمور الطلبة، وتصورات الطلبة لفاعلية المدرسة الأساسية، وإجراء دراسة للعوامل التي تؤثر في فاعلية مدارس الذكور على جميع مدارس سلطنة عُمان.

كما قام الباحث الماجدي (2003) بدراسة بعنوان " خصائص المدرسة الابتدائية الفعالة من وجهة نظر مديري ومعلمي محافظة حفر الباطن بالمملكة العربية السعودية "، هدفت الدراسة إلى تعرف على خصائص المدرسة الابتدائية الفعالة من وجهة نظر كل من مديري ومعلمي محافظة حفر الباطن في المملكة العربية السعودية، تكونت عينة الدراسة من جميع أفراد مجتمع المديرين والبالغ عددهم (82) مديرا أما عينة المعلمين فكانت (380) معلما تم اختيارهم عشوائيا من مجتمع المعلمين البالغ عددهم (1054). وكان من أهم نتائج الدراسة:

- أن خصائص المدرسة الابتدائية الفعالة من وجهة نظر المديرين كانت عالية في مجال فعاليات القيادة التعليمية والإشراف على التعليم وفي مجال سلوكات المعلمين، بينما كانت المجالات الأخرى بدرجة متوسطة.

- أن خصائص المدرسة الابتدائية الفعالة من وجهة نظر المعلمين كانت عالية في مجال سلوكات المعلمين، بينما كانت جميع المجالات الأخرى بدرجة متوسطة.

- أن خصائص المدرسة الابتدائية الفعالة بشكل عام كانت بدرجة متوسطة من وجهة نظر كل من المديرين والمعلمين. وكان من أهم توصيات الباحث ضرورة انفتاح المدرسة على المجتمع المحلي.

وقد أشار البوهي (2001) إلى الدراسات التالية في موضوع فاعلية الأداء:

الدراسة التي أنجزها جورج دوري في تحديد العلاقة بين أسلوب المدير القيادي كجزء من فاعلية المدرسة الثانوية اللبنانية وإنتاجية المدرسة، ممثلة بمستوى تحصيل الطلبة، ورضى المعلمين. وموقع المدرسة الجغرافي، وقطاع التعليم الذي تنتمي إليه المدرسة. وأسفر تطبيق الاستمارات الموجهة للمعلمين والمديرين عن غياب التنظيم بين وزارة التربية والجامعة في إعداد برامج التدريب الإداري حول مختلف جوانب الإنتاجية، بالإضافة إلى احتياج المديرين للتدريب لغرض الترقي من الناحية المهنية.

وفي الدراسة التي أعدها محمد فهمي وحسن محمود بتكليف من مكتبة التربية العربي لدول الخليج حول تطوير الإدارة المدرسية في دول الخليج العربية تبين أن استمارة تقويم أعمال مدير المدرسة التي توجه للمسئولين عن الإدارة المدرسية في هذه الدول تضمن 15 عنصرا هاما في تقويم الأداء يأتي في مقدمتها الإلمام بالعمل، ثم العلاقات الإنسانية فالكفايات الشخصية، فالمواظبة والانتظام في العمل، فالسلوك والمحافظة على النظام. كما أتضح أن مدير المدرسة يطلع على نتائج تقويمه في ثلاث دول فقط هي البحرين، والمملكة العربية السعودية، وسلطنة عُمان. وأوصى الباحثان بإيجاد جهاز إداري مؤهل لتقويم أداء مدير المدرسة في دولة الأمارات وسلطنة عُمان، وبإدراج نتائج المدرسة ضمن عناصر تقويم الأداء في البحرين.

كذلك اقترح الباحث عيسى نصار نموذجا لتقويم أداء مدير المدرسة يشمل على المقومات الرئيسية الأربعة التالية: إنجازات المدير، الجوانب الشخصية، علاقات المدير مع الأفراد الآخرين، صفات تتعلق بتطبيق الإجراءات والأنظمة والتعليمات. كما قدم الباحث أربعة معايير يمكن من خلالها تقويم الإدارة المدرسية وهي: وضوح الأهداف، التحديد الواضح للمسئوليات، تسخير جميع الإمكانيات

لخدمة العملية التربوية، وجود نظام جيد للاتصال داخل المدرسة أو مع المجتمع المحلي والجهات التعليمية الأخرى.

كذلك الدراسة التي عكفت على إعدادها دلال الهدهود، واستهدفت تحديد الفروق القائمة بين تصورات المديرين والمعلمين في المدارس الابتدائية والحكومية بدولة الكويت للسلوك القيادي لدى المديرين وارتباطها بجنس المعلم.

ولقياس فعالية الأداء لمديري المدارس هدفت دراسة الصائغ (1995) بعنوان " مقياس فعالية أداء مدير المدرسة لأدواره المتوقعة" إلى تحديد الأدوار المتوقعة التي يمارسها مدير (مديرة) المدرسة في المملكة العربية السعودية وبناء مقياس لتقويم فعالية أداء مدير (مديرة) المدرسة لهذه الأدوار. وقد تحقق للمقياس الصدق المنطقي والصدق البنائي كما بلغ معامل ثبات المقياس (0.083) من خلال تقنينه بعد تطبيقه على عينة عشوائية طبقية قوامها (2280) مدير ومديرة منهم (1305) مديرا ومديره بالمراحل التعليمية المختلفة. وقد قام الباحث ببناء مقياس فعالية أداء مدير لأدواره المتوقعة والتي تغطي ستة أبعاد تمثل الأدوار المختلفة التي يقوم بها مدير المدرسة الحديثة وهي: الدور القيادي، الدور الإداري، والدور الإشرافي، والدور التقويمي، والدور التخطيطي، والدور الإنساني.

دراسات أجنبية:

وقام جيني (Gene,2004) بدراسة بعنوان " هل الإصلاح الإداري يحسن الأداء البيروقراطي" هدفت هذه الدراسة إلى فحص العلاقة المزعومة بين الإصلاح الإداري والأداء البيروقراطي من منظور دولي. وكان السؤال المحوري في الدراسة، أي أنواع الإصلاح

الإداري المطبقة بالحكومات الديمقراطية تحسن الأداء البيروقراطي؟ وللإجابة عن هذا السؤال تم جمع بيانات لتجارب إصلاحية في خمس وعشرين ديمقراطية غربية وحللت، وخلصت الدراسة إلى أن بعض أنواع الإصلاح الإداري بدت قادرة فعليا على تحسين الأداء البيروقراطي . وبدت بعض التجارب منعزلة نهائيا عن التحسين، في حين كان البعض الآخر من تجارب الإصلاح لا اثر له إطلاقا، وخلصت الدراسة بان العلاقة بين الإصلاح الإداري والأداء البيروقراطي كانت علاقة ضعيفة جدا.

وفي دراسة لسوامينثان (Swaminathan, 2004) بعنوان " إنها مكاني" والتي تمت في إحدى المدارس الأمريكية، حيث أشارت الدراسة إلى أن الطلبة خريجي المدارس المتحضرة يقارنون خبرتهم في مدارسهم السابقة والتي يعتبرونها غير فعالة مقارنة مع مدارس أكثر فعالية انتقلوا إليها لاحقا، حيث إن الطلبة يجدون أن فعالية المدرسة تكمن في خلق مساحات للشعور بالمكان. وتنبع أهمية الدراسة من حيث أن تآلف الطلبة في ساحات المدرسة تقودهم إلى اعتبار المدرسة كمكانهم المفضل أو بالأحرى كالبيت، حيث ينتج التآلف من خلال أنشطة المدرسة والتي كانت الذريعة في تطوير الشعور بالهوية أو الشخصية، والالتزام، والألفة والاتفاق ما بين الطلبة في المدرسة وفي نتيجة هذه الدراسة تفترض حتى تكون المدرسة المتحضرة ذات فعالية للطلبة ليست تحتاج فقط للتركيز على خلق العلاقات والخبرات التعليمية المتعددة، بل تحتاج إلى خلق الجو المناسب لتتبنى مفهوم الشعور بالمكان (البيت) في المدرسة بالنسبة للطلبة.

وفي دراسة لكايراكيدز (Kyriakides, 2004) بعنوان " تفاوت فعالية المدارس بالنسبة للجنس وطبقات المجتمع ". وتشير الدراسة إلى إعادة النظر بنظرية فعالية المدارس مركزة على البعد الوحيد لمنظور معنى التأثير المدرسي، حيث تركز الدراسة على فعاليات المدرسة المختلفة والتي تعني مقدرة المدرسة لتكون ذات فعالية مع مجموعات مختلفة من الطلبة ومن هنا تنبع أهمية الدراسة كونها تقدم نتيجة بحث يبلور الترابط بين الجنس وطبقات المجتمع

المحلي والدراسة، ونتيجة الدراسة أن (الثرثرة) الكلام المباشر بين الأولاد والبنات، وبين طبقات المجتمع المحلي المختلفة فيما بينها ازداد في كل المدارس وذلك يعكس الروح الوطنية بينهم، حيث تناقش بينهم المضامين المدرسية.

وفي دراسة لبرايس (Price, 2004) بعنوان " تحسين (تطوير) فاعلية المدارس". تبين هذه الدراسة مغزى فاعلية المدارس حيث تمت هذه الدراسة من خلال اختبار دراسة على مدار سنتين في اسكتلندا، حيث كانت عينة الدراسة (80) مدرسة منها (44) مدرسة ابتدائية و(7000) طالب و(2500) معلم و(5400) ولي أمر، حيث تم اختبار هذه العينة بحذر لتعكس التنوع في الدراسة وتم الاستعانة بأسلوب المقابلات والمراقبة كتقنيات لتزود الباحث بتفاصيل ومعلومات أكثر عن العينة على سبيل المثال علاقة المعلم والطالب.

في هذه الدراسة يقدم الباحث صوره اكبر عن فاعلية المدارس وتحسينها من خلال وجهة نظر عالمية. ومن أهم النتائج التي توصلت إليها الدراسة أن المدرسة لها الأثر الأكبر على العملية التربوية أكثر من الطلاب أنفسهم، حيث تؤكد الدراسة أن تطور المدرسة من خلال التخطيط والتعليم والتدريس البناء يساهم في مدى تحقيق المدرسة لأهدافها التربوية، وزيادة فاعليتها بشكل اكبر.

وفي دراسة قام بها رايقلي (Wrigley,2003) بعنوان "هل فعالية المدارس ضد الديمقراطية؟". حيث تمت الدراسة في المدارس الإنجليزية. هذه الدراسة تستطيع الاتصال بين فعالية المدارس كنموذج بحث والتطورات السياسية كمحيط بها، ومع تركيز خاص على نظام المدرسة الإنجليزية "الفعالية" اختبرت كلغة حوار حيث أيدت أسلوب تأدية الحساب. وتنبع أهمية الدراسة كون الفعالية لها تأثيرها في تطوير المدرسة، ونتيجة الدراسة إن التيارات ضد الديمقراطية في أماكن متعددة، مثل قيادات المدارس والمعلمين المحترفين وأصحاب المناهج، ومتخصصو التربية تقود للفشل وذلك في صميم مفهوم الفعالية لاعطاءهم اعتبارات نقدية للأهداف التعليمية والاجتماعية.

وفي دراسة قام بها كارني (Carney, 2003) بعنوان " العالمية، الليبرالية الجديدة وفعالية المدارس في تطوير المجتمعات" والتي أجريت في نيبال، وتأخذ الدراسة بعين الاعتبار الإشارة إلى طبيعة ومضامين الأبحاث التي تدرس فعالية المدارس بشكل متزايد حيث تفترض الدراسة أن مثل تلك الأبحاث ذات التركيز المبدئي على الإدراك المعرفي للطالب إنما تخلق تعريف محصور وضيق وغير ضروري لمدارس النخبة، وتبرز دور المدرسة في التغير الاجتماعي حيث ركزت الدراسة على أن المدرسة تلعب دورا في عملية التحضر (التمدن) وتطوير المجتمعات. مثال ذلك في نيبال حيث يظهر التأثير القوي للتيارات الليبرالية الحديثة في التعليم، وتنبع أهمية الدراسة من أن تلك التيارات استخدمت بعض النقاط من فكرة البحث (ethnographic) والتي تبلور أهداف المدرسة وأساليبها والمعاني التي تتبناها ركائزها المتعددة بالنسبة لهم.

وقام جاربر (Garber,2003) بدراسة بعنوان "طبقات المدارس العالمية، دراسة دولية لفاعلية المدارس" حيث هدفت الدراسة إلى التعرف على فاعلية الطلبة الذين جاءوا من بيئات مختلفة وطبقات متفاوتة، حيث كان مجتمع الدراسة طلاب من فئات مختلفة، وعقّب الباحث على مشاركتهم الصفية، وكان من أهم نتائج الدراسة أن الطلبة الذين جاءوا من بيئات فقيرة غالبا ما يكون أداءهم أو فاعليتهم أكثر ضعفا.

وفي دراسة لدولتون (Dolton, 2003) بعنوان " العلاقة بين استبدال المعلمين والأداء المدرسي" توضح هذه الدراسة العلاقة بين استبدال المعلمين وأثره على الأداء المدرسي، وكانت عينة الدراسة (316) مدرسة ابتدائية في ضواحي لندن، بيّنت هذه الدراسة أن المستويات العالية في معدل استبدال المعلمين يمكن رؤيتها من خلال آثارها السلبية على عملية تدريس الطلاب وانجازات الطلبة.

وتوصلت هذه الدراسة إلى نتيجة مفادها وجود حلقة مفرغة تطورت هذه الحلقة بسبب تلك الاستبدالات مما أدى إلى وجود سلبيات في المدارس، حيث أن سرعة استبدال المعلمين وتغييرهم ما بين المدارس أدى إلى انجاز اقل ووجود مشاكل لدى طواقم التدريس.

وفي دراسة لكرستينا (Kristina,2002) بعنوان "مقارنة بين الأداء المدرسي والسلوك بين الطلبة العاملين وغير العاملين في المدارس العليا" حيث أشارت هذه الدراسة إلى أن هناك ما نسبته 80% من الشباب هم موظفون قبل أن يتركوا المدارس وبان 48% يعملون لأكثر من 46 ساعة في الأسبوع. وتنبع أهمية هذه الدراسة من أنها ركزت على تأثيرات العمل بعد الدراسة على الطلبة أداء وسلوكا خاصة أولئك الذين تتراوح أعمارهم ما بين 14-19 سنة. وأظهرت هذه الدراسة أن تأثير العمل على أداء الطلبة محدود، فالطلبة العاملون ليس من الضروري أن يحصلوا على علامات متدنية بل الكثير منهم حصلوا فعلا على علامات عالية وأعلى من أولئك غير العاملين. وقد أوصت الدراسة بان يكون هناك مجموعة من الأبحاث التي تفهم العلاقة بين العمل وأداء الطلبة في المدارس.

الفصل الثالث

الطريقة والإجراءات

الفصل الثالث

الطريقة والإجراءات

يتضمن هذا الفصل عرضا لمجتمع الدراسة، وعينتها، والأدوات المستخدمة فيها وصدق وثبات الأداة ومتغيرات الدراسة، والطرق الإحصائية التي اتبعت في تحليل البيانات المُتحصل عليها.

مجتمع الدراسة

تكون مجتمع الدراسة من جميع مديري المدارس الثانوية الحكومية في إقليم الشمال في الاردن وكذلك معلمي تلك المدارس للعام الدراسي 2005/2004، موزعين على اثنتي عشرة منطقة تعليمية ضمن أربع محافظات كما هو مبين في الجدول (1).

جدول (1)

توزيع مجتمع الدراسة حسب المناطق التعليمية

الرقم	المنطقة التعليمية	المحافظة	عدد المدارس في المنطقة	عدد مديري المدارس المشمولة بالدراسة	عدد المعلمين	المجموع
1	إربد الأولى	إربد	52	26	78	104
2	إربد الثانية	إربد	29	14	42	56
3	إربد الثالثة	إربد	11	6	18	24
4	الكورة	إربد	28	14	42	56
5	بني كنانة	إربد	35	17	51	68

6	الأغوار الشمالية	إربد	19	10	30	40
7	الرمثا	إربد	19	10	30	40
8	قصبة المفرق	المفرق	30	15	45	60
9	البادية الشمالية الشرقية	المفرق	45	22	66	88
10	البادية الشمالية الغربية	المفرق	35	18	54	72
11	جرش	جرش	43	21	63	84
12	عجلون	عجلون	34	17	51	68
المجموع			380	190	570	760

عينة الدراسة

تكونت عينة الدراسة من (760) فردا هم (190) من مديري المدارس إضافة إلى (570) من معلمي تلك المدارس، حيث بلغ عدد المدارس الثانوية الحكومية في إقليم الشمال (380) مدرسة ثانوية بناءً على بيانات قسم الإحصاء والتخطيط التربوي للعام الدراسي 2005/2004، وقد تم اختيار عينة الدراسة بطريقة عشوائية وقد مثلت عينة الدراسة ما نسبته (80%) من مجتمع الدراسة، ويمثل الجدول (2) توزيعا لأفراد عينة الدراسة على متغيراتها المستقلة.

جدول (2)

توزيع أفراد عينة الدراسة على متغيراتها الديموغرافية

المتغير	المستوى	العدد	النسبة المئوية
المحافظة	المفرق	152	25.08%
	إربد	313	51.65%
	جرش	76	12.54%
	عجلون	65	10.73%
	المجموع الكلي	606	100%
المؤهل	دبلوم متوسط	43	7.09%
	بكالوريوس	350	57.76%
	بكالوريوس + دبلوم عالي	135	22.28%
	ماجستير	71	11.71%
	دكتوراه	7	1.16%
	المجموع الكلي	606	100%

الخبرة	(1-5) سنوات	199	%32.84
	(6-10) سنوات	74	%12.21
	(11-15) سنة	115	%18.98
	(16-20) سنة	98	%16.17
	(21- فأكثر) سنة	120	%19.80
	المجموع الكلي	606	%100
الجنس	ذكر	292	%48.18
	أنثى	314	%51.82
	المجموع الكلي	606	%100
الوظيفة	مدير	159	%26.24
	معلم	447	%73.76
	المجموع الكلي	606	%100

يظهر من الجدول رقم (2) أن توزيع أفراد عينة الدراسة على متغير المحافظة بواقع (152) محافظة المفرق بنسبة مئوية (25.08%)، و(313) محافظة إربد بنسبة مئوية (51.65%)، و(76) محافظة جرش بنسبة مئوية (12.54%)، و(65) محافظة عجلون بنسبة (10.73%).

أما متغير المؤهل فكان أعلاها بكالوريوس (350) حيث بلغت النسبة (57.76%)، ثم يليه مؤهل بكالوريوس + دبلوم عالي (135) حيث بلغت النسبة (22.28%)، ثم يليه مؤهل الماجستير (71) حيث بلغت النسبة (11.71%)، ثم يليه مؤهل دبلوم متوسط (43) حيث بلغت النسبة (7.09%)، وأقلها مؤهل الدكتوراه حيث بلغ العدد (7) وشكل ما نسبته (1.16%).

أما متغير عدد سنوات الخبرة في وزارة التربية والتعليم فأعلاها (1-5) سنوات (199) بنسبة مئوية (32.84%)، يليها (21- فأكثر) سنة (120) بنسبة مئوية (19.80%)، ثم (11-15) سنة (115) بنسبة مئوية (18.98%)، ثم (16-20) سنة (98) بنسبة مئوية (16.17%)، وأدناها (6-10) سنوات (74) بنسبة مئوية (12.21%)، أما متغير الجنس فكان بواقع (314) إناث بنسبة مئوية (51.82%)، و(292) ذكور بنسبة مئوية (48.18%)، أما متغير الوظيفة فكان بواقع (447) معلم بنسبة مئوية (73.76%)، و(159) مدير بنسبة مئوية (26.24%).

أدوات الدراسة:

1. المقابلة:

قام الباحث بإجراء عدد من المقابلات المغلقة مع عدد من المشاركين للإجابة عن السؤال المتعلق بأهم المقترحات الخاصة بتطوير الأداء المؤسسي في المدارس الثانوية الحكومية في إقليم الشمال.

2. الاستبانة:

استخدمت في هذه الدراسة استبانة قام بتصميمها العبدالله (2002)، للاسترشاد بها من أجل رفع الكفاءة الإنتاجية للمؤسسة المدرسية، وقد قام الباحث بتطويرها حيث اشتملت على (72) فقرة في صورتها النهائية، وأعطي لكل فقرة من فقرات الأداة وزن مدرج وفق سلم ليكرت الخماسي لتقدير درجة فاعلية الأداء المؤسسي من وجهة نظر

مديري المدارس الثانوية الحكومية ومعلميها في مدارس إقليم الشمال وتمثل على الترتيب (5، 4، 3، 2، 1).

أوافق بدرجة كبيرة جدا	أوافق بدرجة كبيرة	أوافق بدرجة متوسطة	لا أوافق بدرجة كبيرة	لا أوافق بدرجة كبيرة جدا
5	4	3	2	1

بحيث غطت هذه الفقرات سبعة مجالات هي:

1. التخطيط الاستراتيجي.

2. القيادة المدرسية.

3. التعليم أو التدريس.

4. تكنولوجيا المعلومات.

5. المناخ التنظيمي للمدرسة.

6. الامتحانات والاختبارات التقويم التربوي.

7. العلاقة بين المدرسة والمجتمع المحلي.

وقد تم توزيع فقرات الاستبانة على مجالات الدراسة وفق الجدول التالي:

جدول (3)

توزيع فقرات الاستبانة على المجالات السبعة للدراسة

مجموع الفقرات	الفقرات	المجال	الرقم
10	1، 2، 3، 4، 5، 6، 7، 8، 9، 10	التخطيط الاستراتيجي	1
26	11، 12، 13، 14، 15، 16، 17، 18، 19، 20، 21، 22، 23، 24، 25، 26	القيادة المدرسية	2
12	27، 28، 29، 30، 31، 32، 33، 34، 35، 36، 37، 38	التعليم أو التدريس	3
5	39، 40، 41، 42، 43	تكنولوجيا المعلومات	4
8	44، 45، 46، 47، 48، 49، 50، 51	المناخ التنظيمي للمدرسة	5

| 6 | الامتحانات والاختبارات والتقويم التربوي | 52، 53، 54، 55، 56، 57، 58، 59، 60، 61، 62 | 11 |
| 7 | العلاقة بين المدرسة والمجتمع المحلي | 63، 64، 65، 66، 67، 68، 69، 70، 71، 72 | 10 |

صدق الأداة

للتأكد من صدق الأداة قام الباحث بعرضها على عدد من المحكمين والمختصين في الإدارة التربوية في جامعة اليرموك، وفي الجامعة الأردنية، وفي جامعة آل البيت، ومديريات التربية والتعليم، وبلغ عددهم (15) خمسة عشر محكما وطُلب منهم بيان رأيهم حول مناسبة الفقرات ووضوحها، وسلامة الصياغة اللغوية، وانتمائها للمجال، وقد قدّم هؤلاء المحكمين آراء قيمة، ونصائح جمة، كان لها الدور الأمثل في إخراج الاستبانة بصياغتها النهائية. انظر ملحق (2).

وبناء على إرشادات وتوجيهات ونصائح هؤلاء المحكمين، فقد تم حذف بعض فقرات الاستبانة بحيث أصبح مجموع عدد الفقرات (72) فقرة بدلاً من (82) فقرة.

ثبات الأداة

لاستخراج ثبات الأداة قام الباحث بتطبيق الاستبانة على مجموعة مكونة من (35) معلماً ومدير مدرسة من عينة الدراسة، وقد تم حساب معامل الثبات من خلال طريقة الاتساق الداخلي باستخدام معادلة (كرونباخ ألفا) فوجد انه (0.86) وهو معامل

ثبات يشير إلى الاعتماد على الأداة لأغراض البحث، واعتبرت هذه القيم كافية لأغراض الدراسة. كما في الجدول (4).

جدول (4)

معامل الاتساق الداخلي (كرونباخ ألفا) لمجالات الدراسة والأداة ككل

الرقم	المجال	الاتساق الداخلي
1.	التخطيط الاستراتيجي	0.94
2.	القيادة المدرسية	0.89
3.	التعليم أو التدريس	0.78
4.	تكنولوجيا المعلومات	0.91
5.	المناخ التنظيمي في المدرسة	0.93
6.	الامتحانات والاختبارات والتقويم التربوي	0.74
7.	العلاقة بين المدرسة والمجتمع المحلي	0.89
الأداة ككل		0.86

تصحيح الأداة

كما تم احتساب تقديرات عينة الدراسة حول درجة فاعلية الأداء المؤسسي في المدارس الثانوية الحكومية في شمال الأردن من وجهة نظر مديري المدارس ومعلميها من خلال الآتي: الحد الأعلى لبدائل أداة الدراسة (5) بدائل - الحد الأدنى لبدائل أداة الدراسة (1) = 3/4 مستويات (مرتفع، متوسط، ضعيف) = 1.33، وعليه يكون الحد الأدنى 1+1.33= 2.33، والحد المتوسط 2.34+1.33= 3.67، والحد الأعلى = 3.68 فأكثر، وهكذا تصبح أوزان الفقرات: الفقرة التي يتراوح متوسطها الحسابي بين (3.68 إلى 5.00) تعني درجة ممارسة عالية، والفقرة التي يتراوح متوسطها الحسابي بين (2.34 إلى 3.67) تعني درجة ممارسة متوسطة، والفقرة التي يتراوح متوسطها الحسابي بين (1.00 إلى 2.33) تعني درجة ممارسة منخفضة.

متغيرات الدراسة

تشتمل هذه الدراسة على المتغيرات التالية:

1. **المتغيرات المستقلة:**

- المنطقة التعليمية (المحافظة): ولها أربعة مستويات (المفرق، إربد، جرش، عجلون).
- المؤهل العلمي: وله خمسة مستويات (دبلوم متوسط، بكالوريوس، بكالوريوس + دبلوم عالي، ماجستير، دكتوراه).
- الخبرة: ولها خمسة مستويات (1-5 سنوات، 6-10 سنوات، 11-15 سنة، 16-20 سنة، 21 سنة فأكثر).
- الجنس: وله مستويان (ذكر، أنثى).
- الوظيفة: ولها مستويان (مدير، معلم).

2. **المتغير التابع**: درجة فاعلية الأداء المؤسسي للمدارس الثانوية الحكومية في إقليم الشمال من وجهة نظر مديري المدارس ومعلميها.

إجراءات الدراسة

بعد التأكد من صدق وثبات أداة القياس، قام الباحث بتوزيع الاستبانة على أفراد عينة الدراسة البالغ عددهم (688) مدير مدرسة ومعلم موزعين على اثنتي عشرة منطقة تعليمية في محافظات إقليم الشمال، وتابع الباحث عملية التوزيع وجمع الاستبانات بالتعاون مع بعض مدراء المدارس التي تم توزيع الاستبانات عليها.

وقد كان عدد الاستبانات التي تم استردادها (606) أي بنسبة استجابة (88.08%) وهي نسبة مقبولة وتعتبر كافية لأغراض تعميم النتائج على المجتمع الأصلي.

المعالجة الإحصائية

تم استخدام الحزمة الإحصائية للعلوم الاجتماعية (SPSS) في تحليل البيانات الأولية التي تم جمعها لأغراض الدراسة، وبناء على طبيعة هذه الدراسة، وأهدافها وأسئلتها، فقد استخدم الباحث عدة أساليب إحصائية كالأساليب الوصفية التي شملت كل من: المتوسطات الحسابية والنسب المئوية والتكرارات والانحرافات المعيارية، كما تم استخدام عدة اختبارات إحصائية منها: تحليل التباين الأحادي متعدد المتغيرات (onway-Anova) واختبار شيفي (Seheffe) للمقارنات البعدية للكشف عن الفروق بين المتوسطات الحسابية حسب متغيرات الدراسة على الأداة ككل واختبار ليفين (Leven's Test) للمقارنة بين كرونباخ ألفا (Cronbach-Alpha) للاتساق الداخلي.

الفصل الرابع

نتائج الدراسة

الفصل الرابع

نتائج الدراسة

النتائج المتعلقة بالسؤال الأول: ما تقدير درجة فاعلية الأداء المؤسسي في المدارس الثانوية الحكومية في إقليم الشمال من وجهة نظر مديري المدارس ومعلميها ؟

أما فيما يتعلق بتقدير درجة فاعلية الأداء المؤسسي في المدارس الثانوية الحكومية في شمال الأردن من وجهة نظر مديري المدارس ومعلميها، فقد تم حساب المتوسطات الحسابية والانحرافات المعيارية والنسبة المئوية والرتبة لكل مجال من المجالات والأداة ككل. كما هو في جدول (5).

جدول (5)

المتوسطات والانحرافات المعيارية والنسبة المئوية والرتبة على كل مجال من المجالات والأداة ككل

الرقم	المجال	عدد الفقرات	المتوسط الحسابي	الانحراف المعياري	الرتبة	تقدير درجة الفاعلية
.1	المناخ التنظيمي في المدرسة	8	2.78	0.84	1	متوسط
.2	القيادة المدرسية	16	2.65	0.73	2	متوسط
.3	تكنولوجيا المعلومات	5	2.55	0.82	3	متوسط
.4	التعليم أو التدريس	12	2.54	0.81	4	متوسط
.5	العلاقة بين المدرسة والمجتمع المحلي	10	2.51	0.86	5	متوسط
.6	الامتحانات والاختبارات والتقويم التربوي	11	2.20	0.77	6	ضعيف
.7	التخطيط الاستراتيجي	10	2.13	0.73	7	ضعيف
تقدير درجة الفاعلية للأداة ككل		72	2.48	0.66	**	متوسطة

يوضح الجدول (5) عدد الفقرات، والنسبة المئوية، والمتوسطات الحسابية، والانحرافات المعيارية، والرتبة وتقدير درجة الفاعلية لكل مجال من المجالات، والأداة ككل، ويلاحظ أن المتوسطات الحسابية للمجالات السبع تراوحت بين (2.13-2.78) حيث احتل المجال رقم (5)/ "المناخ التنظيمي في المدرسة" المرتبة الأولى بنسبة مئوية (11.11%)، وبمتوسط (2.78)، وجاء المجال رقم (2)/"القيادة المدرسية" في المرتبة الثانية بنسبة مئوية (22.22%)، وبمتوسط حسابي (2.65)، وجاء المجال رقم (4)/ "تكنولوجيا المعلومات" في المرتبة الثالثة بنسبة مئوية (6.99%)، وبمتوسط حسابي (2.55).

كما تشير النتائج إلى أن تقديرات درجة فاعلية الأداء المؤسسي في المدارس الثانوية الحكومية في إقليم الشمال من قبل عينة الدراسة على الأداة ككل متوسطة حيث بلغ متوسط استجاباتهم (2.48)، والأعمدة البيانية توضح الفروق بين تقديرات عينة الدراسة على درجة فاعلية الأداء المؤسسي في المدارس الثانوية الحكومية في إقليم الشمال على مجالات الدراسة.

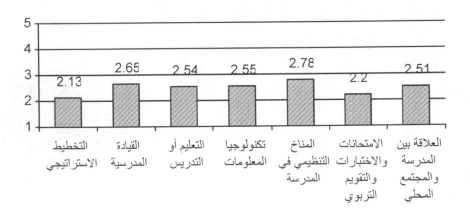

شكل (1)

الفروق بين تقديرات عينة الدراسة على درجة فاعلية الأداء المؤسسي في إقليم الشمال

هدفت هذه الدراسة إلى تقدير درجة فاعلية الأداء المؤسسي للمدارس الثانوية الحكومية في إقليم الشمال من وجهة نظر مديري المدارس ومعلميها، وسيتم عرض النتائج مرتبة في ضوء أسئلة الدراسة.

النتائج المتعلقة بالسؤال الثاني: ما تقدير درجة فاعلية الأداء المؤسسي في المدارس الثانوية الحكومية في شمال الأردن من وجهة نظر مديري المدارس ومعلميها وفقا لمجالات الدراسة ؟ والمتمثلة بالآتي: التخطيط الاستراتيجي، القيادة المدرسية، التعليم أو التدريس، تكنولوجيا المعلومات، المناخ التنظيمي في المدرسة، الامتحانات والاختبارات والتقويم التربوي، العلاقة بين المدرسة والمجتمع المحلي

مجال التخطيط الاستراتيجي: يتكون هذا المجال من (10) فقرات تصف كل واحدة منها درجة فاعلية الأداء المؤسسي في المدارس الثانوية الحكومية في شمال الأردن من وجهة نظر مديري المدارس ومعلميها نحو مجال التخطيط الاستراتيجي، لهذا تم حساب المتوسطات الحسابية والانحرافات المعيارية والرتبة لكل فقرة من الفقرات والمجال ككل. كما هو في جدول (6).

جدول (6)

المتوسطات الحسابية والانحرافات والرتبة لتقديرات عينة الدراسة حول درجة فاعلية

الأداء المؤسسي في المدارس الثانوية الحكومية في شمال الأردن نحو مجال التخطيط الاستراتيجي

درجة الفاعلية	الانحراف المعياري	المتوسط الحسابي	فقرات المجال الأول: التخطيط الاستراتيجي	الرقم
1	1.45	2.61	تقوم المدرسة بعمليات المتابعة والتقويم المستمر للبرامج والمشروعات المدرسية التي تنفذها .	1.
2	1.08	2.31	تعتمد المدرسة في صياغة خططها المستقبلية على عدد من البدائل والخيارات.	2.
3	1.17	2.24	تراعي المدرسة عند وضع الخطط وبرامج العمل الاحتياجات والإمكانيات المتاحة للمدرسة.	3.
4	1.12	2.19	تستثمر المدرسة نتائج عمليات المتابعة والتقويم المستمر في تطير الخطط والبرامج المستقبلية.	4.
5	1.13	2.18	تعتمد المدرسة عند وضع خططها المستقبلية على التشخيص الدقيق للبيئة الخارجية (المجتمع).	5.
6	1.01	2.16	تعتمد المدرسة في صياغة خططها المستقبلية على منهجية التخطيط الاستراتيجي.	6.
7	1.06	2.12	تعتمد المدرسة عند وضع خططها على التشخيص الدقيق للبيئة الداخلية للمدرسة .	7.

8	0.93	1.91	تقوم المدرسة بوضع البرامج الشاملة المتكاملة في الخطة الإستراتيجية والتي تساعد المدرسة في تحقيق أهدافها المستقبلية.	8.
9	0.93	1.79	تحرص المدرسة على صياغة أهدافها بوضوح ودقة وضرورة توافق وتوازن هذه الأهداف مع الظروف المحيطة.	9.
10	0.99	1.78	تراعي الخطة الإستراتيجية للمدرسة وبرامج عملها الاحتياجات الحقيقية للمدرسة والمجتمع.	10.
6*	0.73	2.13	تقدير درجة الفاعلية للمجال ككل	

* ترتيب المجال بالنسبة للمجالات الأخرى.

يبين الجدول (6) المتوسطات الحسابية والانحرافات المعيارية والرتبة لكل فقرة من فقرات مجال التخطيط الاستراتيجي والمجال ككل، ويلاحظ أن المتوسطات الحسابية لهذا المجال تراوحت بين (1.78-2.61) حيث احتلت الفقرة رقم (7)/ "تقوم المدرسة بعمليات المتابعة والتقويم المستمر للبرامج والمشروعات المدرسية التي تنفذها" المرتبة الأولى بمتوسط (2.61)، وجاءت الفقرة رقم (10)/ "تعتمد المدرسة في صياغة خططها المستقبلية على عدد من البدائل والخيارات" في المرتبة الثانية بمتوسط حسابي (2.31)، وجاءت الفقرة رقم (5)/ "تراعي المدرسة عند وضع الخطط وبرامج العمل الاحتياجات والإمكانيات المتاحة للمدرسة" في المرتبة الثالثة بمتوسط حسابي (2.24) وهكذا باقي الفقرات كما هي مرتبة في الجدول أعلاه.

مما يعني أن تقديرات عينة الدراسة حول درجة فاعلية الأداء المؤسسي في المدارس الثانوية الحكومية في شمال الأردن نحو مجال التخطيط الاستراتيجي ضعيفة حيث بلغ متوسط استجاباتهم (2.13).

مجال القيادة المدرسية: يتكون هذا المجال من (16) فقرة تصف كل واحدة منها درجة فاعلية الأداء المؤسسي في المدارس الثانوية الحكومية في شمال الأردن من وجهة نظر مديري المدارس ومعلميها نحو مجال القيادة المدرسية، لهذا تم حساب المتوسطات الحسابية والانحرافات المعيارية والرتبة لكل فقرة من الفقرات والمجال ككل. كما هو في جدول (7).

جدول (7)

المتوسطات الحسابية والانحرافات المعيارية والرتبة لتقديرات عينة الدراسة حول درجة فاعلية الأداء المؤسسي في المدارس الثانوية الحكومية في شمال الأردن نحو مجال القيادة المدرسية

درجة الفاعلية	الانحراف المعياري	المتوسط الحسابي	فقرات المجال الثاني: القيادة المدرسية	الرقم
1	1.31	3.57	إثارة الفكر النقدي بين أعضاء المجتمع المدرسي لتطوير العملية التربوية وتشجيعه.	11.
2	1.27	3.50	تنمية الإحساس بالولاء والانتماء للمدرسة.	12.
3	1.12	3.02	المقدرة على التفكير بطريقة ابتكاريه.	13.
4	1.04	2.68	استخدام الأساليب العلمية في حل المشكلات وصناعة القرارات ومعالجة القضايا التي تواجه المدرسة.	14.

4	1.03	2.68	تفويض الصلاحيات لأعضاء المجتمع المدرسي مع التأكيد على مبدأ المساءلة.	15.
4	1.02	2.68	المقدرة على بناء رؤية مستقبلية للمدرسة بعد (عقد من الزمن) مثلا.	16.
5	1.00	2.62	تحقيق العدالة والموضوعية في تقويم أداء أعضاء المجتمع المدرسي والحكم على كفاءاتهم.	17.
6	1.29	2.59	القيام بالمراجعة الدورية لكل الإجراءات والنظم وتعديلها أو تغييرها اعتمادا على نتائج البحوث والدراسات والتقويم.	18.
7	1.07	2.55	تعزيز مبادئ المساواة والعدل وتكافؤ الفرص لرفع الروح المعنوية للمتعلمين والمعلمين.	19.
8	1.03	2.54	القدرة على التنبؤ بالمشكلات ومعالجتها قبل وقوعها.	20.
9	1.22	2.48	استخدام الاتصال البنّاء وتعزيز مبدأ الحوار لتطوير العملية التربوية.	21.
10	1.11	2.45	تطبيق نظام فعال للحوافز ضمن نطاق المعقولية وعلى أسس سليمة.	22.

11	1.08	2.43	الاستثمار الأمثل لجميع الإمكانات والموارد المادية والمالية والبشرية والتقنية في المدرسة.	.23
12	0.94	2.34	التوظيف الأمثل للتقنيات البحثية المختلفة والتعامل الفعّال مع نظم المعلومات الإدارية.	.24
13	1.13	2.17	حرص أعضاء المجتمع المدرسي على المشاركة في صناعة القرار وإنجاز المهمات بكفاءة وفعالية من اجل تحقيق الأهداف التربوية للمدرسة.	.25
14	1.08	2.16	تطبيق نظام فعّال للرقابة على الأداء وتقويم الإنجاز.	.26
2*	0.73	2.65	تقدير درجة الفاعلية للمجال ككل	

* ترتيب المجال بالنسبة للمجالات الأخرى.

يبين الجدول (7) المتوسطات الحسابية والانحرافات المعيارية والرتبة لكل فقرة من فقرات مجال القيادة المدرسية والمجال ككل، ويلاحظ أن المتوسطات الحسابية لهذا المجال تراوحت بين (2.16-3.57) حيث احتلت الفقرة رقم (21)/ "إثارة الفكر النقدي بين أعضاء المجتمع المدرسي لتطوير العملية التربوية وتشجيعه" المرتبة الأولى بمتوسط (3.57)، وجاءت الفقرة رقم (26)/ "تنمية الإحساس بالولاء والانتماء للمدرسة" في المرتبة الثانية بمتوسط حسابي (3.50)، وجاءت الفقرة رقم (14)/ "المقدرة على التفكير بطريقة ابتكاريه" في المرتبة الثالثة بمتوسط حسابي (3.02) وهكذا باقي الفقرات كما هي مرتبة في الجدول أعلاه. مما يعني أن

تقديرات عينة الدراسة حول درجة فاعلية الأداء المؤسسي في المدارس الثانوية الحكومية في شمال الأردن نحو مجال القيادة المدرسية **متوسطة** حيث بلغ متوسط استجاباتهم (2.65).

مجال التعليم أو التدريس: يتكون هذا المجال من (12) فقرة تصف كل واحدة منها درجة فاعلية الأداء المؤسسي في المدارس الثانوية الحكومية في شمال الأردن من وجهة نظر مديري المدارس ومعلميها نحو مجال التعليم أو التدريس، لهذا تم حساب المتوسطات الحسابية والانحرافات المعيارية والرتبة لكل فقرة من الفقرات والمجال ككل. كما هو في جدول (8).

جدول (8)

المتوسطات الحسابية والانحرافات والرتبة لتقديرات عينة الدراسة حول درجة فاعلية الأداء المؤسسي في المدارس الثانوية الحكومية في شمال الأردن نحو مجال التعليم أو التدريس

الرقم	فقرات المجال الثالث: التعليم أو التدريس	المتوسط الحسابي	الانحراف المعياري	درجة الفاعلية
27.	يتم ربط التعلم في الفصول الدراسية بحاجات المتعلمين من جهة واحتياجات المجتمع المحلي من جهة أخرى.	3.12	1.24	1
28.	اعتماد الهيئة التدريسية في المدرسة على مصادر متنوعة داخل المدرسة وخارجها في عملية التعلم والتعليم.	2.80	2.62	2

.29	توظيف استراتيجيات التعليم القائمة على البحث والاستقصاء وتنمية أساليب التفكير.	2.67	1.03	3
.30	تنفيذ مشروعات وتجارب تطويرية في المدرسة تتصف بالأصالة والجدة والتنوع وتسهم في تطوير استراتيجيات التعلم والتعليم.	2.61	1.05	4
.31	توظيف البحوث التربوية والإجرائية الميدانية على نحو فعال للإسهام في تحسين جودة عملية التعلم والتعليم.	2.55	1.16	5
.32	تعزيز مبادئ التعلم, كالتعّلم الذاتي وتعلم المجموعات والتعلم التعاوني.	2.50	1.02	6
.33	تنويع الأنشطة الصفية وفقا لتنوع حاجات وقدرات الطلاب المختلفة.	2.49	1.01	7
.34	تنمية الفكر النقدي لدى المتعلمين والمقدرة على صناعة القرارات الإبداعية لحل المشكلات التربوية التي تواجههم.	2.45	0.97	8
.35	توفير برامج التقوية للطلبة ضعاف التحصيل الدراسي، فضلا عن تقديم برامج إثرائية للطلبة المتفوقين والموهوبين.	2.45	1.14	8

.36	إتاحة فرص التدريب والتنمية المهنية المستمرة، والإفادة منها في عملية التعلم والتعليم، وزيادة الإنتاجية بشكل فعّال من أجل تحقيق الأهداف.	2.41	1.15	9
.37	إدارة عمليات التعليم بما يكفل وصول جميع المتعلمين أقصى مستوى ممكن.	2.31	1.03	10
.38	إثارة قدرات المتعلمين لممارسة العمليات العقلية العليا ومهارة التقصّي والاكتشاف .	2.15	1.08	11
تقدير درجة الفاعلية للمجال ككل		2.54	0.81	*4

* ترتيب المجال بالنسبة للمجالات الأخرى.

يبين الجدول (8) المتوسطات الحسابية والانحرافات المعيارية والرتبة لكل فقرة من فقرات مجال التعليم أو التدريس والمجال ككل، ويلاحظ أن المتوسطات الحسابية لهذا المجال تراوحت بين (2.15-3.12) حيث احتلت الفقرة رقم (33)/ "يتم ربط التعلم في الفصول الدراسية بحاجات المتعلمين من جهة واحتياجات المجتمع المحلي من جهة أخرى" المرتبة الأولى بمتوسط (3.12)، وجاءت الفقرة رقم (30)/ "اعتماد الهيئة التدريسية في المدرسة على مصادر متنوعة داخل المدرسة وخارجها في عملية التعلم والتعليم" في المرتبة الثانية بمتوسط (2.80)، وجاءت الفقرة رقم (28)/ "توظيف استراتيجيات التعليم القائمة على البحث والاستقصاء وتنمية أساليب التفكير" في المرتبة الثالثة بمتوسط حسابي (2.67) وهكذا باقي الفقرات كما هي مرتبة في الجدول أعلاه.

مما يدل على أن تقديرات عينة الدراسة حول درجة فاعلية الأداء المؤسسي في المدارس الثانوية الحكومية في شمال الأردن نحو مجال التعليم أو التدريس **متوسطة** حيث بلغ متوسط استجاباتهم (2.54).

مجال تكنولوجيا المعلومات: يتكون هذا المجال من (5) فقرات تصف كل واحدة منها درجة فاعلية الأداء المؤسسي في المدارس الثانوية الحكومية في شمال الأردن من وجهة نظر مديري المدارس ومعلميها نحو مجال التعليم أو التدريس، لهذا تم حساب المتوسطات الحسابية والانحرافات المعيارية والرتبة لكل فقرة من الفقرات والمجال ككل. كما هو في جدول (9).

جدول (9)

المتوسطات الحسابية والانحرافات والرتبة لتقديرات عينة الدراسة حول درجة فاعلية الأداء المؤسسي في المدارس الثانوية الحكومية في شمال الأردن نحو مجال تكنولوجيا المعلومات

الرقم	فقرات المجال الرابع: تكنولوجيا المعلومات.	المتوسط الحسابي	الانحراف المعياري	درجة الفاعلية
39.	توفير قاعدة بيانات مدرسية حديثة، بحيث تشتمل هذه القاعدة على أعداد المعلمين ومؤهلاتهم وأعداد الطلبة موزعين حسب الصفوف الدراسية.	3.00	1.23	1

2	1.09	2.77	يتم توفير الدعم والمساندة للمعلمين، وتشجيعهم على تطوير برامج للتعليم الإلكتروني؛ بهدف تعزيز وإثراء عمليات التعلم والتعليم.	40.
3	1.06	2.52	يتم ربط المدرسة بشبكات المعلومات العالمية عن طريق الإنترنت.	41.
4	0.98	2.28	يتم توفير مختبرات الحاسوب ومراكز مصادر التعلم والتقنيات التعليمية المختلفة، وتيسير استخدامها من قبل المعلمين والإداريين والطلبة، لتعزيز عمليات التعلم والتعليم في المدرسة.	42.
5	1.07	2.15	توظيف واستخدام تكنولوجيا المعلومات في إدارة الموارد البشرية والمادية في المدرسة.	43.
*3	0.82	2.55	**تقدير درجة الفاعلية للمجال ككل**	

* ترتيب المجال بالنسبة للمجالات الأخرى.

يبين الجدول (9) المتوسطات الحسابية والانحرافات المعيارية والرتبة لكل فقرة من فقرات مجال تكنولوجيا المعلومات والمجال ككل، ويلاحظ أن المتوسطات الحسابية لهذا المجال تراوحت بين (2.15-3.00) حيث احتلت الفقرة رقم (40)/ " توفير قاعدة بيانات مدرسية حديثة، بحيث تشتمل هذه القاعدة على أعداد المعلمين ومؤهلاتهم وأعداد الطلبة موزعين حسب الصفوف الدراسية " المرتبة الأولى بمتوسط (3.00)، وجاءت الفقرة رقم (43)/ "يتم توفير الدعم

والمساندة للمعلمين، وتشجيعهم على تطوير برامج للتعليم الإلكتروني؛ بهدف تعزيز وإثراء عمليات التعلم والتعليم" في المرتبة الثانية بمتوسط حسابي (2.77)، وجاءت الفقرة رقم (42)/ "يتم ربط المدرسة بشبكات المعلومات العالمية عن طريق الإنترنت" في المرتبة الثالثة بمتوسط حسابي (2.52)، وهكذا باقي الفقرات كما هي مرتبة في الجدول أعلاه. مما يعني أن تقديرات عينة الدراسة حول درجة فاعلية الأداء المؤسسي في المدارس الثانوية الحكومية في شمال الأردن نحو مجال تكنولوجيا المعلومات **متوسطة** حيث بلغ متوسط استجاباتهم (2.55).

مجال المناخ التنظيمي في المدرسة: يتكون هذا المجال من (8) فقرات تصف كل واحدة منها درجة فاعلية الأداء المؤسسي في المدارس الثانوية الحكومية في شمال الأردن من وجهة نظر مديري المدارس ومعلميها نحو مجال المناخ التنظيمي في المدرسة، لهذا تم حساب المتوسطات الحسابية والانحرافات المعيارية والرتبة لكل فقرة من الفقرات والمجال ككل. كما هو في جدول (10).

جدول (10)

المتوسطات الحسابية والانحرافات والرتبة لتقديرات عينة الدراسة حول درجة فاعلية

الأداء المؤسسي في المدارس الثانوية الحكومية نحو مجال المناخ التنظيمي في المدرسة

الرتبة	الانحراف المعياري	المتوسط الحسابي	فقرات المجال الخامس: المناخ التنظيمي في المدرسة	الرقم
1	1.26	3.28	يسود الإحساس بالمساواة والعدل وتكافؤ الفرص لدى العاملين في المدرسة.	44.
2	1.27	3.06	يشيع الإحساس بتحقيق الذات لدى العاملين في المدرسة.	45.
3	1.17	2.87	يسود الإحساس بالرضى لدى العاملين نظرا لاعتماد نظام سليم للحوافز المالية والمعنوية في المدرسة.	46.
4	1.10	2.77	يسود في المدرسة أجواء التعاون والعمل بروح الفريق.	47.
5	1.09	2.69	يشعر العاملون في المدرسة بالفخر والاعتزاز بالانتماء للمدرسة.	48.
6	1.05	2.66	تحرص إدارة المدرسة على تحقيق التوازن بين احتياجات العاملين في المدرسة واحتياجات المدرسة.	49.

.50	يساعد المناخ التنظيمي في المدرسة في توفير الطمأنينة والشعور بالأمن والاستقرار عند العاملين في المدرسة.	2.66	1.07	6
.51	يسود الانضباط والنظام في المدرسة لدى العاملين والمتعلمين.	2.23	1.12	7
تقدير درجة الفاعلية للمجال ككل		2.78	0.84	*1

* ترتيب المجال بالنسبة للمجالات الأخرى.

يبين الجدول (10) المتوسطات الحسابية والانحرافات المعيارية والرتبة لكل فقرة من فقرات مجال المناخ التنظيمي في المدرسة والمجال ككل، ويلاحظ أن المتوسطات الحسابية لهذا المجال تراوحت بين (2.23-3.28) حيث احتلت الفقرة رقم (46)/ "يسود الإحساس بالمساواة والعدل وتكافؤ الفرص لدى العاملين في المدرسة" المرتبة الأولى بمتوسط حسابي (3.28)، وجاءت الفقرة رقم (44)/ "يشيع الإحساس بتحقيق الذات لدى العاملين في المدرسة" في المرتبة الثانية بمتوسط حسابي (3.06)، وجاءت الفقرة رقم (50)/ "يسود الإحساس بالرضى لدى العاملين نظرا لاعتماد نظام سليم للحوافز المالية والمعنوية في المدرسة" في المرتبة الثالثة بمتوسط حسابي (2.87)، وهكذا باقي الفقرات كما هي مرتبة في الجدول أعلاه.

مما يعني أن تقديرات عينة الدراسة حول درجة فاعلية الأداء المؤسسي في المدارس الثانوية الحكومية في شمال الأردن نحو مجال المناخ التنظيمي في المدرسة **متوسطة** حيث بلغ متوسط استجاباتهم (2.78).

مجال الامتحانات والاختبارات والتقويم التربوي: يتكون هذا المجال من (11) فقرة تصف كل واحدة منها درجة فاعلية الأداء المؤسسي في المدارس الثانوية الحكومية في شمال الأردن من وجهة نظر مديري المدارس ومعلميها نحو مجال

الامتحانات والاختبارات والتقويم التربوي، لهذا تم حساب المتوسطات الحسابية والانحرافات المعيارية والرتبة لكل فقرة من الفقرات والمجال ككل. كما هو في جدول (11).

جدول (11)

المتوسطات الحسابية والانحرافات المعيارية والرتبة لتقديرات عينة الدراسة حول درجة فاعلية الأداء المؤسسي في المدارس الثانوية الحكومية نحو مجال الامتحانات والاختبارات

الرقم	فقرات المجال السادس: الامتحانات والاختبارات والتقويم التربوي.	المتوسط الحسابي	الانحراف المعياري	الرتبة
52.	ينظر إلى التقويم باعتباره جزءا لا يتجزأ من عملية التعلم والتعليم.	2.73	1.07	1
53.	يحرص المعلمون على رفع توقعاتهم لأداء المتعلمين لبلوغ أقصى مستويات الإتقان المقررة.	2.51	1.19	2
54.	يستخدم نظام التقويم المعتمد على الأداء والممارسة بدلا من التقويم المعتمد على المعرفة النظرية.	2.42	0.99	3
55.	إجراءات التقويم والامتحانات تتم بدقة وموضوعية.	2.25	1.17	4

.56	يتم استخدام الاختبارات التشخيصية لتحديد حاجات المتعلمين والتعرف على صعوبات التعلم لديهم.	2.20	1.31	5
.57	يعتمد نظام التقويم على المستوى المدرسي، والذي هو أكثر صدقا ودقة وموضوعية للحكم على الطالب، بدلا من اعتماد التقويم على المستوى الوطني الذي يعتمد مستويات معيارية مقننة للحكم على الطالب.	2.17	1.02	6
.58	يعتمد نظام التقويم الشمولي الذي يغطي جميع جوانب وأبعاد شخصية الطالب كالذكاء والقدرات والاستعدادات والميول والاتجاهات والتحصيل المدرسي والمهارات والقيم بدلا من التقويم الجزئي الذي يغطي جانبا واحدا، وغالبا ما يكون التحصيل الدراسي المقصور على المعلومات والمعارف النظرية.	2.11	1.08	7
.59	يتم تزويد أولياء الأمور بتقارير دورية دقيقة عن أبنائهم الطلبة تتعلق بمستوى تحصيلهم الدراسي ومدى تقدمهم وتشخيص صعوبات التعلم لديهم والحلول المناسبة لمعالجتها.	2.04	1.12	8

.60	يعتمد نظام التقويم التكويني أو البنائي المستمر بدلا من التقويم الختامي أو النهائي.	2.02	1.07	9
.61	تحليل نتائج الامتحانات والاختبارات على نحو مستمر ويتم استخلاص الاستنتاجات التي تساعد على تطوير أداء المتعلمين.	1.89	1.05	10
.62	يعتمد نظام التقويم الذي يرتكز على معايير الإتقان بدلا من التقويم الذي يعتمد على مستويات معيارية مقننة، والتي تقوم بتقسيم الطلاب وفقا للمنحنى الطبيعي (منحنى جوس).	1.81	1.02	11
تقدير درجة الفاعلية للمجال ككل		2.20	0.77	*7

* ترتيب المجال بالنسبة للمجالات الأخرى.

ببين الجدول (11) المتوسطات الحسابية والانحرافات المعيارية والرتبة لكل فقرة من فقرات مجال الامتحانات والاختبارات والتقويم التربوي والمجال ككل، ويلاحظ أن المتوسطات الحسابية لهذا المجال تراوحت بين (1.81-2.73) حيث احتلت الفقرة رقم (52)/ "ينظر إلى التقويم باعتباره جزءا لا يتجزأ من عملية التعلم والتعليم" المرتبة الأولى بمتوسط (2.73)، وجاءت الفقرة رقم (53) "يحرص المعلمون على رفع توقعاتهم لأداء المتعلمين لبلوغ أقصى مستويات الإتقان المقررة" في المرتبة الثانية بمتوسط حسابي (2.51)، وجاءت الفقرة (62)/ "يستخدم نظام التقويم المعتمد على الأداء والممارسة بدلا من التقويم المعتمد على المعرفة النظرية"

في المرتبة الثالثة بمتوسط حسابي (2.42) وهكذا باقي الفقرات كما هي مرتبة في الجدول أعلاه.

مما يدل على أن تقديرات عينة الدراسة حول درجة فاعلية الأداء المؤسسي في المدارس الثانوية الحكومية في شمال الأردن نحو مجال الامتحانات والاختبارات والتقويم التربوي منخفضة حيث بلغ متوسط استجاباتهم (2.20).

مجال العلاقة بين المدرسة والمجتمع المحلي: يتكون هذا المجال من (10) فقرات تصف كل واحدة منها درجة فاعلية الأداء المؤسسي في المدارس الثانوية الحكومية في شمال الأردن من وجهة نظر مديري المدارس ومعلميها نحو مجال العلاقة بين المدرسة والمجتمع المحلي، لهذا تم حساب المتوسطات الحسابية والانحرافات المعيارية والرتبة لكل فقرة من الفقرات والمجال ككل. كما هو في جدول (12).

جدول (12)

المتوسطات الحسابية والانحرافات والرتبة لتقديرات عينة الدراسة حول درجة فاعلية

الأداء المؤسسي في المدارس الثانوية الحكومية نحو مجال العلاقة بين المدرسة والمجتمع

الرتبة	الانحراف المعياري	المتوسط الحسابي	فقرات المجال السابع: العلاقة بين المدرسة والمجتمع المحلي.	الرقم
1	1.17	2.75	تقوم المدرسة بالاجتماع مع أولياء الأمور لتقديم النصح والإرشاد في مجال الرعاية الاجتماعية والصحية والسلوكية لأبنائهم الطلاب.	63.
2	1.10	2.72	تعقد المدرسة ندوات ثقافية لأبناء المجتمع المحلي في المناسبات الدينية والاجتماعية والوطنية.	64.
3	1.12	2.67	تشرك المدرسة أولياء الأمور والفعاليات الاجتماعية والاقتصادية في التخطيط وصناعة القرارات المتعلقة بالبرامج والأنشطة التي تقدمها لأبناء المجتمع المحلي.	65.
4	1.08	2.58	تقدم المدرسة برامج لتطوير تعليم الكبار ومحو الأمية لأبناء المجتمع المحلي.	66.

5	1.12	2.51	تعقد المدرسة دورات فنية ومهنية لأفراد المجتمع المحلي.	67.
6	1.06	2.50	تطلب المدرسة من المصانع والمؤسسات والشركات والبنوك تدريب طلبتها في العطلة الصيفية لإكساب الطلاب المهارات العملية.	68.
7	1.24	2.48	تقدم المدرسة برامج تعليمية في الحاسب الآلي للمهتمين في المجتمع المحلي.	69.
8	1.12	2.37	تحرص المدرسة على الاتصال بأولياء الأمور وتقوم بإشراكهم في متابعة ورعاية نمو أبنائهم وتعليمهم وتهذيب سلوكهم وحل مشكلاتهم.	70.
9	1.00	2.33	توفر المدرسة مصادر تعلم دائمة ومتطورة ومتنوعة لأفراد المجتمع المحلي.	71.
10	1.15	2.21	تنظم المدرسة زيارات للطلبة إلى المراكز الصحية والمستشفيات ومراكز الشرطة والدفاع المدني والنوادي والجمعيات ومؤسسات المجتمع المدني من اجل التعرف على الخدمات والبرامج التي تقدمها للمجتمع المحلي.	72.
5*	0.86	2.51	تقدير درجة الفاعلية للمجال ككل	

* ترتيب المجال بالنسبة للمجالات الأخرى.

يبين الجدول (12) المتوسطات الحسابية والانحرافات المعيارية والرتبة لكل فقرة من فقرات مجال العلاقة بين المدرسة والمجتمع المحلي والمجال ككل، ويلاحظ أن المتوسطات الحسابية لهذا المجال تراوحت بين (2.21-2.75) حيث احتلت الفقرة رقم (67)/ " تقوم المدرسة بالاجتماع مع أولياء الأمور لتقديم النصح والإرشاد في مجال الرعاية الاجتماعية والصحية والسلوكية لأبنائهم الطلاب" المرتبة الأولى بمتوسط (2.75)، وجاءت الفقرة (68)/ "تعقد المدرسة ندوات ثقافية لأبناء المجتمع المحلي في المناسبات الدينية والاجتماعية والوطنية" في المرتبة الثانية بمتوسط حسابي (2.72)، وجاءت الفقرة رقم (70)/ "تشرك المدرسة أولياء الأمور والفعاليات الاجتماعية والاقتصادية في التخطيط وصناعة القرارات المتعلقة بالبرامج والأنشطة التي تقدمها لأبناء المجتمع المحلي" في المرتبة الثالثة بمتوسط حسابي (2.67)، وهكذا باقي الفقرات كما هي مرتبة في الجدول أعلاه. مما يعني أن تقديرات عينة الدراسة حول درجة فاعلية الأداء المؤسسي في المدارس الثانوية الحكومية في شمال الأردن نحو مجال العلاقة بين المدرسة والمجتمع المحلي متوسطة حيث بلغ متوسط استجاباتهم (2.51).

نتائج السؤال الثالث: هل توجد فروق ذات دلالة إحصائية في تقدير درجة فاعلية الأداء المؤسسي في المدارس الثانوية الحكومية في شمال الأردن من وجهة نظر مديري المدارس ومعلميها. تعزى لمتغيرات الجنس، المؤهل العلمي، الخبرة، الوظيفة، المنطقة ؟

1. متغير الجنس

2. أما فيما يتعلق بتقديرات عينة الدراسة حول درجة فاعلية الأداء المؤسسي في المدارس الثانوية الحكومية في شمال الأردن من وجهة نظر مديري المدارس ومعلميها، فقد تم استخدام المتوسطات الحسابية، والانحرافات المعيارية، واختبار ليفين (Levene's Test)؛ للكشف عن فروق ذات دلالة إحصائية نحو مجالات الدراسة والأداة ككل تُعزى إلى الجنس، كما هو في جدول (13).

جدول (13)

المتوسطات الحسابية والانحرافات المعيارية لمجالات الدراسة والأداة ككل بحسب الجنس

الإناث		الذكور		الجنس / المجال
الانحراف المعياري	المتوسط الحسابي	الانحراف المعياري	المتوسط الحسابي	
0.71	2.16	0.74	2.10	التخطيط الاستراتيجي
0.72	2.59	0.74	2.73	القيادة المدرسية
0.84	2.49	0.77	2.60	التعليم أو التدريس
0.78	2.44	0.84	2.66	تكنولوجيا المعلومات
0.80	2.72	0.87	2.84	المناخ التنظيمي في المدرسة

0.74	2.10	0.79	2.30	الامتحانات والاختبارات والتقويم التربوي
0.84	2.41	0.88	2.62	العلاقة بين المدرسة والمجتمع المحلي
0.65	2.42	0.67	2.55	تقدير درجة الفاعلية للأداة ككل

تشير البيانات الواردة في الجدول (13) أن مجموع المتوسط الحسابي لتقديرات الذكور بالنسبة لدرجة الفاعلية على الأداة ككل (2.55) بانحراف معياري (0.67)، وان مجموع المتوسط الحسابي لتقديرات الإناث بالنسبة لدرجة الفاعلية على الأداة ككل (2.42) بانحراف معياري (0.65). حيث حقق مجال "المناخ التنظيمي في المدرسة" المرتبة الأولى بالنسبة للذكور، وبلغ المتوسط الحسابي لاستجابة الذكور عليه (2.84) بانحراف معياري (0.87)، بينما حقق نفس المجال المرتبة الأولى بالنسبة للإناث، وبلغ متوسط استجابة الإناث عليه (2.72) بانحراف معياري (0.80)، والأعمدة البيانية في شكل رقم (2) توضح الفروق بين المتوسطات الحسابية وفق الجنس على الأداة ككل.

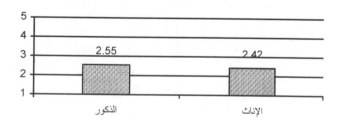

شكل (2)

المتوسطات الحسابية بحسب الجنس على الأداة ككل

لبيان ما إذا كان هناك فروق ذات دلالة إحصائية عند مستوى ($0.05>\alpha$) في تقديرات عينة الدراسة حول درجة فاعلية الأداء المؤسسي في المدارس الثانوية الحكومية في شمال الأردن من وجهة نظر مديري المدارس ومعلميها تعزى لمتغير الجنس على المجالات والأداة ككل فقد تم حساب المتوسطات الحسابية والانحرافات المعيارية، وإجراء الاختبار الإحصائي (Levene's Test)؛ للتحقق من الفرق بين متوسطات الذكور والإناث. كما في جدول (14).

جدول (14)

نتائج اختبار ليفين (Levene's Test) للفروق بين متوسطات الذكور والإناث على مجالات الدراسة والأداة ككل

الرقم	المجال	العدد	الجنس	المتوسط الحسابي	الانحراف المعياري	قيمة ف	مستوى الدلالة
.1	التخطيط الاستراتيجي	292	ذكر	2.10	0.74	0.444	0.506
		314	أنثى	2.16	0.71		
.2	القيادة المدرسية	292	ذكر	2.73	0.74	0.021	0.884
		314	أنثى	2.59	0.72		
.3	التعليم أو التدريس	292	ذكر	2.60	0.77	2.849	0.092
		314	أنثى	2.49	0.84		
.4	تكنولوجيا المعلومات	292	ذكر	2.66	0.84	3.020	0.083
		314	أنثى	2.44	0.78		
.5	المناخ التنظيمي في المدرسة	292	ذكر	2.84	0.87	3.010	0.083
		314	أنثى	2.72	0.80		

.6	الامتحانات والاختبارات والتقويم التربوي	292	ذكر	2.30	0.79	1.785	0.182
		314	أنثى	2.10	0.74		
.7	العلاقة بين المدرسة والمجتمع المحلي	292	ذكر	2.62	0.88	0.036	0.850
		314	أنثى	2.41	0.84		
.*	تقدير درجة الفاعلية للأداة ككل	292	ذكر	2.55	0.67	0.013	0.911
		14	نثى	2 42.	0 65.		

* دال إحصائياً عند مستوى الدلالة (α<0.05)

يتضح من جدول (14) **عدم وجود فروق ذات دلالة إحصائية** عند مستوى (α<0.05) في تقديرات عينة الدراسة حول درجة فاعلية الأداء المؤسسي في المدارس الثانوية الحكومية في شمال الأردن من وجهة نظر مديري المدارس ومعلميها تعزى لمتغير الجنس على مجالات: التخطيط الاستراتيجي، والقيادة المدرسية، والتعليم أو التدريس، وتكنولوجيا المعلومات، والمناخ التنظيمي في المدرسة، والامتحانات والاختبارات والتقويم التربوي، والعلاقة بين المدرسة والمجتمع المحلي، وعلى الأداة ككل. ويمكن تفصيل ذلك من خلال الآتي:

أن قيمة (ف) المحسوبة للمجال الأول الخاص بالتخطيط الاستراتيجي (0.444)، وإن مستوى دلالتها (0.506)، وهذا يدل على عدم وجود فروق ذات دلالة إحصائية تعزى للجنس على مجال التخطيط الاستراتيجي. أما قيمة (ف) المحسوبة للمجال الثاني الخاص بالقيادة المدرسية (0.021)، وإن مستوى دلالتها (0.884)، وهذا يدل على عدم وجود فروق ذات دلالة إحصائية تعزى للجنس على مجال القيادة المدرسية.

يتضح أيضاً من الجدول أعلاه أن قيمة (ف) المحسوبة للمجال الثالث الخاص بالتعليم أو التدريس (2.849)، وإن مستوى دلالتها (0.092)، وهذا يدل على عدم وجود فروق ذات دلالة إحصائية تعزى للجنس على مجال التعليم أو التدريس، وأن قيمة (ف) المحسوبة للمجال الرابع الخاص بتكنولوجيا المعلومات (3.020)، وإن مستوى دلالتها (0.083)، وهذا يدل على عدم وجود فروق ذات دلالة إحصائية تعزى للجنس على مجال تكنولوجيا المعلومات.

كما أن قيمة (ف) المحسوبة للمجال الخامس الخاص بالمناخ التنظيمي في المدرسة (3.010)، وإن مستوى دلالتها (0.083)، وهذا يدل على عدم وجود فروق ذات دلالة إحصائية تعزى للجنس على مجال المناخ التنظيمي في المدرسة، وأن قيمة (ف) المحسوبة للمجال السادس الخاص بالامتحانات والاختبارات والتقويم التربوي (1.785)، وإن مستوى دلالتها (0.182)، وهذا يدل على عدم وجود فروق ذات دلالة إحصائية تعزى للجنس على مجال الامتحانات والاختبارات والتقويم التربوي، وأن قيمة (ف) المحسوبة للمجال السابع الخاص بالعلاقة بين المدرسة والمجتمع المحلي (0.036)، وإن مستوى دلالتها (0.850)، وهذا يدل على عدم وجود فروق ذات دلالة إحصائية تعزى للجنس على مجال العلاقة بين المدرسة والمجتمع المحلي.

كما بلغت قيمة (ف) المحسوبة على الأداة ككل (0.013)، وإن مستوى دلالتها (0.911)، وهذا يدل على عدم وجود فروق ذات دلالة إحصائية تعزى للجنس على الأداة ككل. **بمعنى أن كل تقديرات عينة الدراسة ذكوراً وإناثاً حول درجة فاعلية الأداء المؤسسي في المدارس الثانوية الحكومية في شمال الأردن متساوية تقريباً من غير أن يكون لتقديراتهم حول درجة فاعلية الأداء المؤسسي أي دلالة إحصائية.**

3. متغير المؤهل العلمي:

وبالنسبة لتقديرات عينة الدراسة حول درجة فاعلية الأداء المؤسسي في المدارس الثانوية الحكومية في شمال الأردن من وجهة نظر مديري المدارس ومعلميها، فقد تم استخدام المتوسطات الحسابية، والانحرافات المعيارية، وتحليل التباين الأحادي؛ للكشف عن فروق ذات دلالة إحصائية نحو مجالات الدراسة والأداة ككل تُعزى إلى المؤهل العلمي، كما هو في جدول (15).

جدول (15)

المتوسطات الحسابية والانحرافات لمجالات الدراسة والأداة ككل بحسب المؤهل العلمي

المؤهل / المجال	دبلوم متوسط		بكالوريوس		بكالوريوس + دبلوم عالي		ماجستير		دكتوراه	
	المتوسط الحسابي	الانحراف المعياري	المتوسط الحسابي	الانحراف المعياري	المتوسط الحسابي	الانحراف المعياري	المتوسط الحسابي	الانحراف المعياري	المتوسط الحسابي	الانحراف المعياري
التخطيط الاستراتيجي	2.07	0.81	2.26	0.74	1.94	0.60	1.93	0.70	1.61	0.58
القيادة المدرسية	2.74	0.75	2.77	0.71	2.44	0.73	2.46	0.69	2.33	0.84
التعليم أو التدريس	2.69	0.75	2.70	0.81	2.26	0.75	2.26	0.71	1.95	0.90
تكنولوجيا المعلومات	2.75	0.76	2.64	0.80	2.33	0.83	2.45	0.82	1.91	0.80
المناخ التنظيمي في المدرسة	2.94	0.78	2.91	0.81	2.51	0.84	2.58	0.87	2.26	0.65

الامتحانات والاختبارات والتقويم التربوي	2.24	0.74	2.25	0.77	2.10	0.79	2.11	0.75	1.96	0.42
العلاقة بين المدرسة والمجتمع المحلي	2.74	0.98	2.64	0.83	2.24	0.83	2.33	0.84	2.01	0.97
تقدير درجة الفاعلية للأداة ككل	2.60	0.61	2.60	0.64	2.26	0.68	2.30	0.65	2.00	0.66

تشير البيانات الواردة في الجدول (15) أن مجموع المتوسط الحسابي لتقديرات ممن يحملون درجة الدبلوم المتوسط، وحملة البكالوريوس بالنسبة لدرجة الفاعلية على الأداة ككل (2.60) بانحراف معياري (0.61)، و(0.64). يليه حملة درجة الماجستير والدبلوم العالي والدكتوراه بمتوسطات حسابية (2.30)، (2.26)، (2.00) على التوالي. حيث حقق مجال "المناخ التنظيمي في المدرسة" المرتبة الأولى بالنسبة لتقديرات ممن يحملون درجة الدبلوم المتوسط، وحملة البكالوريوس، وبلغ المتوسط الحسابي لاستجاباتهم عليه (2.94)، (2.91) على التوالي، والأعمدة البيانية في شكل (3) توضح الفروق بين المتوسطات الحسابية وفق المؤهل العلمي على الأداة ككل.

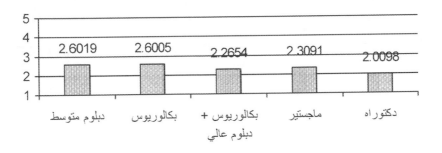

شكل (3)

المتوسطات الحسابية بحسب المؤهل العلمي على الأداة ككل

وللتعرف على تقديرات عينة الدراسة حول درجة فاعلية الأداء المؤسسي في المدارس الثانوية الحكومية في شمال الأردن من وجهة نظر مديري المدارس ومعلميها على مجالات الدراسة والأداة ككل بحسب المؤهل العلمي، تم استخدام تحليل التباين الأحادي، والجدول رقم (16) يوضح ذلك

جدول (16)

نتائج تحليل التباين الأحادي لأثر المؤهل العلمي على مجالات الدراسة والأداة ككل

المجالات	مجموع المربعات	درجات الحرية	متوسط المربعات	قيمة ف	مستوى الدلالة
التخطيط الاستراتيجي	15.490	4	3.873	7.570	0.000*
	307.453	601	0.512		
	322.943	605			
القيادة المدرسية	14.981	4	3.745	7.185	0.000*
	313.280	601	0.521		
	328.261	605			
التعليم أو التدريس	28.339	4	7.085	11.423	0.000*
	372.752	601	0.620		
	401.091	605			

تكنولوجيا المعلومات	14.552	4	3.638	5.528	*0.000
	395.483	601	0.658		
	410.035	605			
المناخ التنظيمي في المدرسة	21.608	4	5.402	7.950	*0.000
	408.381	601	0.680		
	429.989	605			
الامتحانات والاختبارات والتقويم التربوي	3.169	4	0.792	1.323	0.260
	359.993	601	0.599		
	363.162	605			
العلاقة بين المدرسة والمجتمع المحلي	21.984	4	5.496	7.591	*0.000
	435.137	601	0.724		
	457.121	605			
تقدير درجة الفاعلية للأداة ككل بحسب المؤهل	15.548	4	3.887	9.132	*0.000
	255.798	601	0.426		
	271.346	605			

* دال إحصائياً عند مستوى الدلالة (α<0.05)

يتضح من جدول (16) أن قيمة (ف) المحسوبة للمؤهل العلمي على مجال التخطيط الاستراتيجي (7.570)، وان مستوى دلالتها (0.000)، ويدل على وجود فروق ذات دلالة إحصائية تعزى إلى المؤهل العلمي على مجال التخطيط الاستراتيجي، وبالنسبة للمؤهل العلمي على مجال القيادة المدرسية فان قيمة (ف) المحسوبة (7.185)، وان مستوى دلالتها (0.000)، ويدل على وجود فروق ذات دلالة إحصائية تعزى إلى المؤهل العلمي على مجال القيادة المدرسية. أما قيمة (ف) المحسوبة للمؤهل العلمي على مجال التعليم أو التدريس (11.423)، ومستوى دلالتها (0.000)، ويدل على وجود فروق ذات دلالة إحصائية تعزى إلى المؤهل العلمي على مجال التعليم أو التدريس، وأن قيمة (ف) المحسوبة للمؤهل العلمي على مجال تكنولوجيا المعلومات (5.528)، وان مستوى دلالتها (0.000)، ويدل على وجود فروق ذات دلالة إحصائية تعزى إلى المؤهل العلمي على مجال تكنولوجيا المعلومات.

أما قيمة (ف) المحسوبة للمؤهل العلمي على مجال المناخ التنظيمي في المدرسة (7.950)، ومستوى دلالتها (0.000)، ويدل على وجود فروق ذات دلالة إحصائية تعزى إلى المؤهل العلمي على مجال المناخ التنظيمي في المدرسة، وأن قيمة (ف) المحسوبة للمؤهل العلمي على مجال الامتحانات والاختبارات والتقويم التربوي (1.323)، وان مستوى دلالتها (0.260)، ويدل على عدم وجود فروق ذات دلالة إحصائية تعزى إلى المؤهل العلمي على مجال الامتحانات والاختبارات والتقويم التربوي.

كما أن قيمة (ف) المحسوبة للمؤهل العلمي على مجال العلاقة بين المدرسة والمجتمع المحلي (7.591)، وان مستوى دلالتها (0.000)، ويدل على وجود فروق

ذات دلالة إحصائية تعزى إلى المؤهل العلمي على مجال العلاقة بين المدرسة والمجتمع المحلي.

كما تشير النتائج أيضاً أن قيمة (ف) المحسوبة للمؤهل على الأداة ككل (9.132)، وان مستوى دلالتها (0.000)، ويدل على وجود فروق ذات دلالة إحصائية تعزى إلى المؤهل العلمي على الأداة ككل، ولمعرفة أي فئات متغير المؤهل العلمي هي الأكثر تقديراً قام الباحث بتطبيق اختبار Scheffe للمقارنات البعدية على الأداة ككل، والجدول (17) يبين ذلك.

جدول (17)

اختبار شيفيه للمقارنات البعدية لأثر المؤهل العلمي على الأداة ككل

Multiple Comparisons **المقارنات المتعددة**			
المؤهل (I)	المؤهل (J)	Mean Difference (I-J)	مستوى الدلالة
دبلوم متوسط	بكالوريوس	0.0014	1.000
	بكالوريوس + دبلوم عالي	0.3365	0.071
	ماجستير	0.2928	0.250
	دكتوراه	0.5921	0.293

بكالوريوس	دبلوم متوسط	0.0014-	1.000
	بكالوريوس + دبلوم عالي	0.3351	0.000
	ماجستير	0.2914	0.020
	دكتوراه	0.5907	0.230
بكالوريوس + دبلوم عالي	دبلوم متوسط	0.3365-	0.071
	بكالوريوس	0.3351-	0.000
	ماجستير	0.0437-	0.995
	دكتوراه	0.2556	0.906
ماجستير	دبلوم متوسط	0.2928-	0.250
	بكالوريوس	0.2914-	0.020
	بكالوريوس + دبلوم عالي	0.0437	0.995
	دكتوراه	0.2993	0.854
دكتوراه	دبلوم متوسط	0.5921-	0.293
	بكالوريوس	0.5907-	0.230
	بكالوريوس + دبلوم عالي	0.2556-	0.906
	ماجستير	0.2993-	0.854

يشير الجدول (17) إلى أن مصادر الفروق التي أظهرها اختبار شيفيه للمقارنات البعدية كانت دالة عند مقارنة البكالوريوس مع الفئات الأخرى لصالح البكالوريوس + دبلوم عالٍي، وداله عند مقارنة البكالوريوس مع الفئات الأخرى لصالح الماجستير أيضاً ولكن بمستوى اقل من مؤهل البكالوريوس + دبلوم عالٍ، يتضح أيضاً عند مقارنة مؤهل البكالوريوس + الدبلوم العالٍي مع الفئات الأخرى وجود فرق دال إحصائياً لصالح مؤهل البكالوريوس، وعند مقارنة مؤهل الماجستير مع الفئات الأخرى يتضح وجود فرق دال إحصائياً لصالح مؤهل البكالوريوس.

4. متغير الخبرة:

وفيما يتعلق بتقديرات عينة الدراسة حول درجة فاعلية الأداء المؤسسي في المدارس الثانوية الحكومية في شمال الأردن بحسب متغير الخبرة، فقد تم استخدام المتوسطات الحسابية، والانحرافات المعيارية، وتحليل التباين الأحادي؛ للكشف عن فروق ذات دلالة إحصائية نحو مجالات الدراسة والأداة ككل تُعزى إلى الخبرة، كما هو في جدول رقم (18).

جدول (18)

المتوسطات الحسابية والانحرافات لمجالات الدراسة والأداة ككل بحسب الخبرة

المجال / الخبرة	5-1		10-6		15-11		20-16		21 فأكثر	
	المتوسط الحسابي	الانحراف المعياري	المتوسط الحسابي	الانحراف المعياري	المتوسط الحسابي	الانحراف المعياري	المتوسط الحسابي	الانحراف المعياري	المتوسط الحسابي	الانحراف المعياري
التخطيط الاستراتيجي	2.32	0.76	2.19	0.70	2.27	0.79	1.94	0.64	1.80	0.53
القيادة المدرسية	2.94	0.70	2.71	0.70	2.72	0.68	2.43	0.68	2.27	0.68
التعليم أو التدريس	2.83	0.82	2.62	0.74	2.60	0.76	2.28	0.67	2.17	0.79
تكنولوجيا المعلومات	2.75	0.80	2.57	0.87	2.63	0.78	2.39	0.69	2.24	0.84
المناخ التنظيمي في المدرسة	3.02	0.80	2.87	0.87	2.87	0.83	2.52	0.71	2.45	0.84

الامتحانات والاختبارات والتقويم التربوي	2.28	0.81	2.20	0.82	2.19	0.77	2.12	0.72	2.13	0.71
العلاقة بين المدرسة والمجتمع المحلي	2.75	0.83	2.59	0.87	2.57	0.88	2.30	0.72	2.19	0.87
تقدير درجة الفاعلية للأداة ككل	2.70	0.61	2.54	0.68	2.55	0.66	2.28	0.57	2.18	0.66

تشير البيانات الواردة في الجدول (18) أن مجموع المتوسط الحسابي لتقديرات ممن لديهم خبرة (1-5) بالنسبة لدرجة الفاعلية على الأداة ككل (2.70) بانحراف معياري (0.61) يليه من ذوي خبرة (11-15)، وذوي خبرة (6-10)، وذوي خبرة (16-20)، وذوي خبرة (21 فأكثر) بمتوسطات حسابية (2.55)، (2.54)، (2.28)، (2.18) على التوالي. حيث حقق مجال "المناخ التنظيمي في المدرسة" المرتبة الأولى بالنسبة لتقديرات ممن لديهم خبرة (1-5)، وبلغ المتوسط الحسابي لاستجاباتهم عليه (3.02)، والأعمدة البيانية في شكل (4) توضح الفروق الظاهرة بين المتوسطات الحسابية وفق المؤهل العلمي على الأداة ككل.

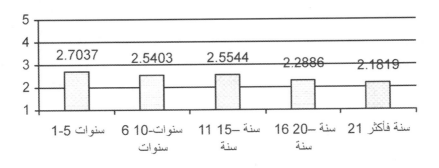

شكل (4)

المتوسطات الحسابية بحسب الخبرة على الأداة ككل

أما بالنسبة لتقديرات عينة الدراسة حول درجة فاعلية الأداء المؤسسي في المدارس الثانوية الحكومية في شمال الأردن من وجهة نظر مديري المدارس ومعلميها على مجالات الدراسة والأداة ككل بحسب الخبرة، فقد تم استخدام تحليل التباين الأحادي، والجدول (19) يوضح ذلك.

جدول (19)

نتائج تحليل التباين الأحادي لأثر الخبرة على مجالات الدراسة والأداة ككل

مستوى الدلالة	قيمة ف	متوسط المربعات	درجات الحرية	مجموع المربعات	المجالات
*0.000	13.382	6.603	4	26.410	التخطيط الاستراتيجي
		0.493	601	296.532	
			605	322.943	
*0.000	20.630	9.907	4	39.630	القيادة المدرسية
		0.480	601	288.631	
			605	328.261	
*0.000	16.798	10.083	4	40.333	التعليم أو التدريس
		0.600	601	360.758	
			605	401.091	
*0.000	8.951	5.763	4	23.053	تكنولوجيا المعلومات
		0.644	601	386.982	
			605	410.035	

مستوى الدلالة	قيمة ف	متوسط المربعات	درجات الحرية	مجموع المربعات	المجالات
*0.000	12.225	8.088	4	32.353	المناخ التنظيمي في المدرسة
		0.662	601	397.635	
			605	429.989	
0.385	1.041	0.624	4	2.498	الامتحانات والاختبارات والتقويم التربوي
		0.600	601	360.664	
			605	363.162	
*0.000	10.418	7.410	4	29.640	العلاقة بين المدرسة والمجتمع المحلي
		0.711	601	427.481	
			605	457.121	
*0.000	15.320	6.277	4	25.107	تقدير درجة الفاعلية للأداة ككل بحسب المؤهل
		0.410	601	246.239	
			605	271.346	

* دال إحصائياً عند مستوى الدلالة ($\alpha < 0.05$)

يتضح من جدول (19) أن قيمة (ف) المحسوبة للخبرة على مجال التخطيط الاستراتيجي (13.382)، وان مستوى دلالتها (0.000)، ويدل على وجود فروق ذات دلالة إحصائية تعزى إلى الخبرة على مجال التخطيط الاستراتيجي، وبالنسبة للخبرة على مجال القيادة المدرسية فان قيمة (ف) المحسوبة (20.630)، وان مستوى دلالتها (0.000)، ويدل على وجود فروق ذات دلالة إحصائية تعزى إلى للخبرة على مجال القيادة المدرسية. أما قيمة (ف) المحسوبة للمخبرة على مجال التعليم أو

التدريس (16.798)، ومستوى دلالتها (0.000)، ويدل على وجود فروق ذات دلالة إحصائية تعزى إلى الخبرة على مجال التعليم أو التدريس، وأن قيمة (ف) المحسوبة للخبرة على مجال تكنولوجيا المعلومات (8.951)، وان مستوى دلالتها (0.000)، ويدل على وجود فروق ذات دلالة إحصائية تعزى إلى الخبرة على مجال تكنولوجيا المعلومات.

أما قيمة (ف) المحسوبة للخبرة على مجال المناخ التنظيمي في المدرسة (12.225)، ومستوى دلالتها (0.000)، ويدل على وجود فروق ذات دلالة إحصائية تعزى إلى الخبرة على مجال المناخ التنظيمي في المدرسة، وأن قيمة (ف) المحسوبة للخبرة على مجال الامتحانات والاختبارات والتقويم التربوي (1.041)، وان مستوى دلالتها (0.385)، ويدل على **عدم** وجود فروق ذات دلالة إحصائية تعزى إلى الخبرة على مجال الامتحانات والاختبارات والتقويم التربوي، وأن قيمة (ف) المحسوبة للخبرة على مجال العلاقة بين المدرسة والمجتمع المحلي (10.418)، وان مستوى دلالتها (0.000)، ويدل على وجود فروق ذات دلالة إحصائية تعزى إلى الخبرة على مجال العلاقة بين المدرسة والمجتمع المحلي.

تشير النتائج أيضاً أن قيمة (ف) المحسوبة للخبرة على الأداة ككل (15.320)، وان مستوى دلالتها (0.000)، ويدل على وجود فروق ذات دلالة إحصائية تعزى إلى الخبرة على الأداة ككل، ولمعرفة أي فئات متغير الخبرة هي الأكثر تقديراً قام الباحث بتطبيق اختبار **Scheffe** للمقارنات البعدية على الأداة ككل، والجدول (20) يبين ذلك.

جدول رقم (20)

اختبار شيفيه للمقارنات البعدية لأثر الخبرة على الأداة ككل

الخبرة (I)	الخبرة (J)	Mean Difference (I-J)	مستوى الدلالة
1-5	6-10	0.1634	0.476
	11-15	0.1494	0.411
	16-20	0.4151	0.000
	21 فأكثر	0.5219	0.000
6-10	1-5	0.1634-	0.476
	11-15	0.0140-	1.000
	16-20	0.2517	0.165
	21 فأكثر	0.3585	0.007
11-15	1-5	0.1494-	411.
	6-10	0.0140	1.000
	16-20	0.2657	0.059
	21 فأكثر	0.3725	0.001

(Table title row: Multiple Comparisons — المقارنات المتعددة)

16-20	1-5	0.4151-	0.000
	6-10	0.2517-	0.165
	11-15	0.2657-	0.059
	21 فأكثر	0.1067	0.826
21 فأكثر	1-5	0.5219-	0.000
	6-10	0.3585-	0.007
	11-15	0.3725-	0.001
	16-20	0.1067-	0.826

* دال إحصائياً عند مستوى الدلالة ($0.05>\alpha$)

يشير الجدول (20) إلى أن مصادر الفروق التي أظهرها اختبار شيفيه للمقارنات البعدية كانت دالة عند مقارنة من لديهم خبرة (1-5) مع الفئات الأخرى لصالح خبرة (16-20)، وخبرة (21 فأكثر)، وداله عند مقارنة من لديهم خبرة (6-10) مع الفئات الأخرى لصالح خبرة (21 فأكثر).

وتشير النتائج أيضاً بأنها داله عند مقارنة من لديهم خبرة (11-15) مع الفئات الأخرى لصالح خبرة (21 فأكثر)، وداله عند مقارنة من لديهم خبرة (16-20) مع الفئات الأخرى لصالح خبرة (1-5)، ودال عند مقارنة من لديهم خبرة (21 فأكثر) مع الفئات الأخرى لصالح الخبرة من (1-5)، ومن (6-10)، ومن (11-15).

5. متغير المنطقة التعليمية:

أما تقديرات عينة الدراسة حول درجة فاعلية الأداء المؤسسي في المدارس الثانوية الحكومية في شمال الأردن من وجهة نظر مديري المدارس ومعلميها، فقد تم استخدام المتوسطات الحسابية، والانحرافات المعيارية، وتحليل التباين الأحادي؛ للكشف عن فروق ذات دلالة إحصائية نحو مجالات الدراسة والأداة ككل تُعزى إلى المنطقة التعليمية، كما في جدول (21).

جدول رقم (21)

المتوسطات الحسابية والانحرافات لمجالات الدراسة والأداة ككل بحسب المنطقة التعليمية

عجلون		جرش		اربد		المفرق		المنطقة / المجال
الانحراف المعياري	المتوسط الحسابي	الانحراف المعياري	المتوسط الحسابي	الانحراف المعياري	المتوسط الحسابي	الانحراف المعياري	المتوسط الحسابي	
0.73	2.08	0.75	2.32	0.71	2.09	0.74	2.14	التخطيط الاستراتيجي
0.72	2.75	0.76	2.83	0.74	2.58	0.69	2.67	القيادة المدرسية
0.80	2.54	0.79	2.67	0.79	2.51	0.85	2.55	التعليم أو التدريس
0.82	2.65	0.84	2.63	0.80	2.51	0.85	2.54	تكنولوجيا المعلومات
0.80	2.75	0.87	2.87	0.84	2.78	0.84	2.74	المناخ التنظيمي في المدرسة
0.76	2.29	0.82	2.25	0.79	2.18	0.70	2.15	الامتحانات والاختبارات والتقويم التربوي
0.93	2.57	0.95	2.72	0.86	2.45	0.79	2.51	العلاقة بين المدرسة والمجتمع المحلي
0.65	2.52	0.72	2.61	0.66	2.44	0.65	2.47	تقدير درجة الفاعلية للأداة ككل

تشير البيانات الواردة في الجدول رقم (21) أن أعلى المتوسطات الحسابية لتقديرات مديري المدارس ومعلميها في محافظة جرش حيث بلغ مجموع موسطهم الحسابي (2.61) بانحراف معياري (0.72) يليه مديري ومعلمي محافظة عجلون والمفرق واربد بمتوسطات حسابية (2.52)، (2.47)، (2.44)على التوالي. حيث حقق مجال "المناخ التنظيمي في المدرسة" المرتبة الأولى بالنسبة لتقديرات مديري المدارس ومعلميها في محافظة جرش، وبلغ المتوسط الحسابي لاستجاباتهم عليه (2.87)، والأعمدة البيانية في شكل رقم (5) توضح الفروق بين المتوسطات الحسابية وفق المنطقة التعليمية على الأداة ككل.

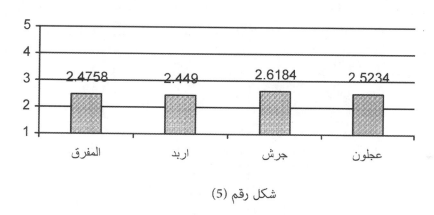

شكل رقم (5)

المتوسطات الحسابية بحسب المنطقة التعليمية على الأداة ككل

ولبيان ما إذا كان هناك فروق ذات دلالة إحصائية عند مستوى (α<0.05) في تقديرات عينة الدراسة حول درجة فاعلية الأداء المؤسسي في المدارس الثانوية الحكومية في شمال الأردن من وجهة نظر مديري المدارس ومعلميها تعزى لمتغير المنطقة التعليمية على المجالات والأداة ككل فقد تم استخدام تحليل التباين الأحادي؛ للتحقق من الفرق بين المتوسطات كما في الجدول (22).

جدول (22)

نتائج تحليل التباين الأحادي لأثر المنطقة التعليمية على مجالات الدراسة والأداة ككل

مستوى الدلالة	قيمة ف	متوسط المربعات	درجات الحرية	مجموع المربعات	المجالات
0.087	2.202	1.168	3	3.505	التخطيط الاستراتيجي
		0.531	602	319.438	
			605	322.943	
0.040*	2.784	1.497	3	4.492	القيادة المدرسية
		0.538	602	323.768	
			605	328.261	
0.494	0.801	0.532	3	1.595	التعليم أو التدريس
		0.664	602	399.496	
			605	401.091	
0.474	0.836	0.567	3	1.702	تكنولوجيا المعلومات
		0.678	602	408.333	
			605	410.035	
0.706	0.467	0.333	3	.998	المناخ التنظيمي في المدرسة
		0.713	602	428.991	
			605	429.989	

المجالات	مجموع المربعات	درجات الحرية	متوسط المربعات	قيمة ف	مستوى الدلالة
الامتحانات والاختبارات والتقويم التربوي	1.082	3	0.361	0.599	0.616
	362.081	602	0.601		
	363.162	605			
العلاقة بين المدرسة والمجتمع المحلي	4.603	3	1.534	2.041	0.107
	452.518	602	0.752		
	457.121	605			
تقدير درجة الفاعلية للأداة ككل بحسب المؤهل	1.866	3	0.622	1.390	0.245
	269.480	602	0.448		
	271.346	605			

* دال إحصائياً عند مستوى الدلالة ($0.05>\alpha$)

يتضح من جدول (22) أن قيمة (ف) المحسوبة للمنطقة التعليمية على مجال التخطيط الاستراتيجي (2.202)، وان مستوى دلالتها (0.087)، ويدل على عدم وجود فروق ذات دلالة إحصائية تعزى إلى المنطقة التعليمية على مجال التخطيط الاستراتيجي، وبالنسبة للمنطقة التعليمية على مجال القيادة المدرسية فان قيمة (ف) المحسوبة (2.784)، وان مستوى دلالتها (0.040)، ويدل على وجود فروق ذات دلالة إحصائية تعزى إلى المنطقة التعليمية على مجال القيادة المدرسية.

أما قيمة (ف) المحسوبة للمنطقة التعليمية على مجال التعليم أو التدريس (0.801)، ومستوى دلالتها (0.494)، ويدل على عدم وجود فروق ذات دلالة إحصائية تعزى إلى المنطقة التعليمية على مجال التعليم أو التدريس، وأن قيمة (ف) المحسوبة للمنطقة التعليمية على مجال تكنولوجيا المعلومات (0.836)، وان مستوى دلالتها (0.474)، ويدل على عدم وجود فروق ذات دلالة إحصائية تعزى إلى المنطقة التعليمية على مجال تكنولوجيا المعلومات.

أما قيمة (ف) المحسوبة للمنطقة التعليمية على مجال المناخ التنظيمي في المدرسة (0.467)، ومستوى دلالتها (0.706)، ويدل على عدم وجود فروق ذات دلالة إحصائية تعزى إلى المنطقة التعليمية على مجال المناخ التنظيمي في المدرسة، وأن قيمة (ف) المحسوبة للمنطقة التعليمية على مجال الامتحانات والاختبارات والتقويم التربوي (0.599)، وان مستوى دلالتها (0.616)، ويدل على عدم وجود فروق ذات دلالة إحصائية تعزى إلى المنطقة التعليمية على مجال الامتحانات والاختبارات والتقويم التربوي، وأن قيمة (ف) المحسوبة للمنطقة التعليمية على مجال العلاقة بين المدرسة والمجتمع المحلي (2.041)، وان مستوى دلالتها (0.107)، ويدل على عدم وجود فروق ذات دلالة إحصائية تعزى إلى المنطقة التعليمية على مجال العلاقة بين المدرسة والمجتمع المحلي.

تشير النتائج أيضاً أن قيمة (ف) المحسوبة للمنطقة التعليمية على الأداة ككل (1.390)، وان مستوى دلالتها (0.245)، ويدل على عدم وجود فروق ذات دلالة إحصائية تعزى إلى المنطقة التعليمية على الأداة ككل، وبالتالي لا نحتاج إلى تطبيق اختبار Scheffe للمقارنات البعدية لمعرفة أي فئات متغير المنطقة التعليمية هي الأكثر تقديراً.

6. متغير الوظيفة:

أما تقديرات عينة الدراسة حول درجة فاعلية الأداء المؤسسي في المدارس الثانوية الحكومية في شمال الأردن من وجهة نظر مديري المدارس ومعلميها، فقد تم استخدام المتوسطات الحسابية، والانحرافات المعيارية، واختبار ليفين (Levene's Test)؛ للكشف عن فروق ذات دلالة إحصائية نحو مجالات الدراسة والأداة ككل تُعزى إلى الوظيفة، كما هو في جدول (23).

جدول (23)

المتوسطات الحسابية والانحرافات المعيارية لمجالات الدراسة والأداة ككل بحسب الوظيفة

الوظيفة / المجال	مدير		معلم	
	الانحراف المعياري	المتوسط الحسابي	الانحراف المعياري	المتوسط الحسابي
التخطيط الاستراتيجي	1.73	0.49	2.27	0.74
القيادة المدرسية	2.20	0.58	2.81	0.71
التعليم أو التدريس	2.02	0.61	2.73	0.79
تكنولوجيا المعلومات	2.09	0.65	2.71	0.81
المناخ التنظيمي في المدرسة	2.28	0.71	2.95	0.81

الامتحانات والاختبارات والتقويم التربوي	1.97	0.65	2.28	0.79
العلاقة بين المدرسة والمجتمع المحلي	2.03	0.77	2.68	0.83
تقدير درجة الفاعلية للأداة ككل	2.05	0.53	2.63	0.64

تشير البيانات الواردة في الجدول (23) أن مجموع المتوسط الحسابي لتقديرات المديرين بالنسبة لدرجة الفاعلية على الأداة ككل (2.05) بانحراف معياري (0.53)، وان مجموع المتوسط الحسابي لتقديرات المعلمين (2.63) بانحراف معياري (0.64). حيث حقق مجال "المناخ التنظيمي في المدرسة" المرتبة الأولى بالنسبة للمعلمين.

وقد بلغ المتوسط الحسابي لاستجابة المعلمين عليه (2.95) بانحراف معياري (0.81)، بينما حقق نفس المجال المرتبة الأولى بالنسبة للمديرين، وبلغ متوسط استجابتهم عليه (2.28) بانحراف معياري (0.71)، والأعمدة البيانية في شكل رقم (6) توضح الفروق بين المتوسطات الحسابية وفق الوظيفة على الأداة ككل.

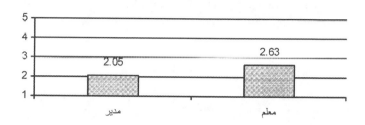

شكل رقم (6)

المتوسطات الحسابية بحسب الوظيفة على الأداة ككل

ولبيان ما إذا كان هناك فروق ذات دلالة إحصائية عند مستوى ($0.05>\alpha$) في تقديرات عينة الدراسة حول درجة فاعلية الأداء المؤسسي في المدارس الثانوية الحكومية في شمال الأردن من وجهة نظر مديري المدارس ومعلميها تعزى لمتغير الوظيفة على المجالات والأداة ككل فقد تم حساب المتوسطات الحسابية والانحرافات المعيارية، وإجراء الاختبار الإحصائي (Levene's Test)؛ للتحقق من الفرق بين متوسطات الذكور والإناث. كما في جدول (24).

جدول (24)

نتائج اختبار ليفين (Levene's Test) للفروق بين متوسطات المديرين والمعلمين على مجالات الدراسة والأداة ككل

الرقم	المجال	العدد	الوظيفة	المتوسط الحسابي	الانحراف المعياري	قيمة ف	مستوى الدلالة
.1	التخطيط الاستراتيجي	159	مدير	1.73	0.49	36.570	*0.000
		447	معلم	2.27	0.74		
.2	القيادة المدرسية	159	مدير	2.20	0.58	13.262	*0.000
		447	معلم	2.81	0.71		
.3	التعليم أو التدريس	159	مدير	2.02	0.61	17.423	*0.000
		447	معلم	2.73	0.79		
.4	تكنولوجيا المعلومات	159	مدير	2.09	0.65	10.821	*0.001
		447	معلم	2.71	0.81		
.5	المناخ التنظيمي في المدرسة	159	مدير	2.28	0.71	3.328	0.069
		447	معلم	2.95	0.81		
.6	الامتحانات والاختبارات والتقويم التربوي	159	مدير	1.97	0.65	15.148	*0.000
		447	معلم	2.28	0.79		
.7	العلاقة بين المدرسة والمجتمع المحلي	159	مدير	2.03	0.77	3.126	0.078
		447	معلم	2.68	0.83		
.*	تقدير درجة الفاعلية للأداة ككل	159	مدير	2.05	0.53	8.766	*0.003
		47	علم	63.	0 64.		

* دال إحصائياً عند مستوى الدلالة (α<0.05)

يتضح من جدول رقم (24) **وجود فروق ذات دلالة إحصائية** عند مستوى (α>0.05) في تقديرات عينة الدراسة حول درجة فاعلية الأداء المؤسسي في المدارس الثانوية الحكومية في شمال الأردن من وجهة نظر مديري المدارس ومعلميها تعزى لمتغير الوظيفة لصالح المعلمين على مجالات: التخطيط الاستراتيجي، والقيادة المدرسية، والتعليم أو التدريس، وتكنولوجيا المعلومات، والامتحانات والاختبارات والتقويم التربوي، وعلى الأداة ككل، **وعدم وجود فروق ذات دلالة إحصائية في مجالي:** المناخ التنظيمي في المدرسة، والعلاقة بين المدرسة والمجتمع المحلي، ويمكن تفصيل ذلك من خلال الآتي: أن قيمة (ف) المحسوبة للمجال الأول الخاص بالتخطيط الاستراتيجي (36.570)، وإن مستوى دلالتها (0.000)، وهذا يدل على وجود فروق ذات دلالة إحصائية تعزى للوظيفة لصالح المعلمين على مجال التخطيط الاستراتيجي. أما قيمة (ف) المحسوبة للمجال الثاني الخاص بالقيادة المدرسية (13.262)، وإن مستوى دلالتها (0.000)، وهذا يدل على وجود فروق ذات دلالة إحصائية تعزى للوظيفة لصالح المعلمين على مجال القيادة المدرسية.

يتضح أيضاً من الجدول أعلاه أن قيمة (ف) المحسوبة للمجال الثالث الخاص بالتعليم أو التدريس (17.423)، وإن مستوى دلالتها (0.000)، وهذا يدل على وجود فروق ذات دلالة إحصائية تعزى للوظيفة لصالح المعلمين على مجال التعليم أو التدريس، وأن قيمة (ف) المحسوبة للمجال الرابع الخاص بتكنولوجيا المعلومات (10.821)، وإن مستوى دلالتها (0.001)، وهذا يدل على وجود فروق ذات دلالة إحصائية تعزى للوظيفة لصالح المعلمين على مجال تكنولوجيا المعلومات.

كما أن قيمة (ف) المحسوبة للمجال الخامس الخاص بالمناخ التنظيمي في المدرسة (3.328)، وإن مستوى دلالتها (0.069)، وهذا يدل على عدم وجود

فروق ذات دلالة إحصائية تعزى للخبرة على مجال المناخ التنظيمي في المدرسة، وأن قيمة (ف) المحسوبة للمجال السادس الخاص بالامتحانات والاختبارات والتقويم التربوي (15.148)، وإن مستوى دلالتها (0.000)، وهذا يدل على وجود فروق ذات دلالة إحصائية تعزى للوظيفة لصالح المعلمين على مجال الامتحانات والاختبارات والتقويم التربوي، وأن قيمة (ف) المحسوبة للمجال السابع الخاص بالعلاقة بين المدرسة والمجتمع المحلي (3.126)، وإن مستوى دلالتها (0.078)، وهذا يدل على عدم وجود فروق ذات دلالة إحصائية تعزى للخبرة على مجال العلاقة بين المدرسة والمجتمع المحلي. **كما بلغت قيمة (ف) المحسوبة على الأداة ككل (8.766)، وإن مستوى دلالتها (0.003)، وهذا يدل على وجود فروق ذات دلالة إحصائية تعزى للخبرة لصالح المعلمين على الأداة ككل.**

النتائج المتعلقة بالسؤال الرابع:

وللإجابة عن السؤال الرابع من أسئلة الدراسة والذي ينص على:

ما أهم المقترحات الخاصة بتطوير الأداء المؤسسي في المدارس الثانوية الحكومية في إقليم الشمال من وجهة نظر مديري المدارس ومعلميها؟

استخدم الباحث منهجية البحث النوعي، والتي من خلالها تم تحديد أهم المقترحات الخاصة بتطوير الأداء المؤسسي في المدارس الثانوية الحكومية في إقليم الشمال من وجهة نظر مديري المدارس ومعلميها، وذلك من خلال استخدام المقابلات المغلقة (Structured interviews) في جمع البيانات والتي أجريت مع الأفراد الذين شاركوا في هذه الدراسة، أجريت هذه المقابلات بعد الحصول على الموافقة المسبقة من الأفراد المشاركين في المقابلة وأتيح للمشاركين اختيار مكان وزمان المقابلة.

وقد قدم الباحث نفسه للأفراد المشاركين في المقابلات على انه احد طلبة الدراسات العليا في كلية التربية في جامعة اليرموك وان الغرض من هذه المقابلات هو غرض علمي بحت وليس لأغراض أخرى، وتم التعهد حول سرية البيانات، وانه لن يتم الاطلاع على أسماء الأفراد المشاركين في المقابلات، وترك لهم الحرية في الإفصاح عن أسمائهم، وقد رفض الأفراد استخدام أي أجهزة في تسجيل البيانات ولذلك تم كتابة البيانات يدويا.

وتم تحليل البيانات النوعية التي تم جمعها لدى الباحث باستخدام التكرارات والنسب المئوية. والجدول (25) يبين التكرارات والنسب المئوية لأهم المقترحات الخاصة بتطوير الأداء المؤسسي في المدارس الثانوية الحكومية في إقليم الشمال التي قدمها المشاركون في الدراسة.

جدول (25)

التكرارات والنسب المئوية لأهم المقترحات الخاصة بتطوير الأداء المؤسسي في المدارس الثانوية الحكومية في إقليم الشمال.

الفقرة	التكرار	النسب المئوية
الاستخدام الأمثل للموارد المالية والمادية والتقنية والبشرية.	7	%87.5
الاهتمام بتدريب المعلمين وضرورة انتقال اثر التدريب إلى الغرفة الصفية.	7	%87.5
ضرورة ربط المدرسة بشبكة الانترنت للاطلاع على آخر المستجدات المعرفية والعلمية.	7	%87.5
ضرورة تامين المدرسة بالأجهزة الحاسوبية والتقنية والمخبرية الكافية والحديثة.	6	%75
توفر الموارد المالية لتتمكن المدرسة من تامين حاجاتها وممارسة نشاطاتها بحرية.	5	%62.5
الاهتمام بالحديقة المدرسية لما تضفيه من منظر جمالي على المدرسة.	5	%62.5
التعاون فيما بين العاملين في المدرسة والعمل بروح الفريق.	5	%62.5
توزيع الأدوار للعاملين في المدرسة من اجل القيام بالمهام الموكلة لهم.	5	%62.5

رصد علامات الطلبة على شبكة الانترنت والاستغناء عن الملفات الورقية لإفساح المجال لأولياء الأمور للاطلاع على علامات أبنائهم.	5	%62.5
ضرورة توفر بنك للأسئلة في المدرسة يراعى فيه مختلف القدرات العقلية.	5	%62.5
ضرورة توفر قاعات خاصة بالمحاضرات وعرض الوسائل التعليمية.	4	%50
تفويض الصلاحيات للعاملين في المدرسة إشعارا لهم بالاستقلالية والمسؤولية واتخاذ القرارات.	4	%50
المشاركة الفاعلة لأولياء الأمور في المجالس المدرسية وإبداء الرأي حول المسائل التربوية.	3	%37.5
تعزيز العاملين وتحفيزهم ماديا ومعنويا للاهتمام بشكل أكثر بالعملية التعليمية التعلمية	3	%37.5
توطيد العلاقة مع المجتمع المحلي وتقديم الخدمات(عقد الدورات، الأيام الطبية المجانية، استضافة المحاضرين، الأعمال التطوعية).	3	%37.5
تفعيل دور المجالس المدرسية	2	%25

يبين الجدول (25) أن المقترحات " الاستخدام الأمثل للموارد المالية والمادية والتقنية والبشرية" و" الاهتمام بتدريب المعلمين وضرورة انتقال اثر التدريب إلى الغرفة الصفية" و" ضرورة ربط المدرسة بشبكة الانترنت للاطلاع على آخر

المستجدات المعرفية والعلمية" قد احتلت المرتبة الأولى بتكرارات (7) ونسبة مئوية (87.5%)، واحتل المقترح " ضرورة تامين المدرسة بالأجهزة الحاسوبية والتقنية والمخبرية الكافية والحديثة" المرتبة الثانية بتكرار (6) ونسبة مئوية (75%)، بينما جاء المقترح " تفعيل دور المجالس المدرسية " في المرتبة الأخيرة بتكرار (2) ونسبة مئوية (25%).

الفصل الخامس

مناقشة النتائج والتوصيات

الفصل الخامس

مناقشة النتائج والتوصيات

يتناول هذا الفصل مناقشة وتفسير النتائج التي أسفرت عنها الدراسة والتوصيات المقترحة التي يقترحها الباحث في ضوء النتائج، وسيتم مناقشة النتائج وتفسيرها تبعا لأسئلة الدراسة.

أولا: مناقشة النتائج المتعلقة بالسؤال الأول

ما تقدير درجة فاعلية الأداء المؤسسي في المدارس الثانوية الحكومية في إقليم الشمال من وجهة نظر مديري المدارس ومعلميها؟

أظهرت نتائج الدراسة بان المتوسط العام لأداء أفراد عينة الدراسة على الأداة كاملة بلغ (2.48)، انظر جدول رقم (5) وهو بدرجة (متوسطة)، كما أظهرت نتائج الدراسة أن غالبية فقرات الدراسة حصلت على متوسطات حسابية بدرجة (متوسطة).

وهذا مؤشر على أن الممارسة الواقعية للأداء المؤسسي ـ الفعال في المدارس الثانوية الحكومية في إقليم الشمال هي بدرجة منخفضة، ويمكن تفسير ذلك بغياب العمل المؤسسي المتمثل بالتخطيط الاستراتيجي وفقا لوجهات نظر مديري المدارس الثانوية الحكومية في إقليم الشمال، وذلك من خلال عدم مراعاة الخطة الإستراتيجية للمدرسة وبرامج عملها الاحتياجات الحقيقية للمدرسة والمجتمع، وعدم حرص المدرسة على صياغة أهدافها بوضوح ودقة، توافق وتوازن هذه الأهداف مع الظروف المحيطة، وتقصير المدرسة في وضع البرامج الشاملة المتكاملة في الخطة الإستراتيجية، والتي تساعد المدرسة في تحقيق أهدافها المستقبلية.

إضافة إلى التقصير في مجال الامتحانات والاختبارات، المتمثل باعتماد المدرسة على التقويم الذي يعتمد على مستويات معيارية مقننة، والتي تقوم بتقسيم الطلاب وفقا للمنحنى الطبيعي فقط، وعدم اعتماد نظام تقويم يركز على معايير الإتقان، وكذلك التقصير من قبل المعلمين في تحليل نتائج الامتحانات والاختبارات على نحو مستمر، وعدم استخلاص الاستنتاجات التي تساعد على تطوير أداء المتعلمين.

إضافة إلى عوامل تتعلق بالعلاقة بين المدرسة والمجتمع المتمثلة بتقصير المدرسة في تنظيم زيارات للطلبة للمراكز الصحية والمستشفيات ومراكز الشرطة والدفاع المدني والنوادي والجمعيات ومؤسسات المجتمع؛ من اجل التعرف على الخدمات والبرامج التي تقدمها للمجتمع المحلي.

إضافة إلى عوامل تتعلق بالتعليم والتدريس والمتمثلة بعدم إثارة قدرات المتعلمين لممارسة العمليات العقلية العليا، وكذلك التقصير في مجال تكنولوجيا المعلومات المتمثل بعدم توظيف واستخدام تكنولوجيا المعلومات في إدارة الموارد البشرية والمادية في المدرسة وكذلك التقصير في مجال القيادة المدرسية والمتمثل بعدم تطبيق نظام فعال للرقابة على الأداء وتقويم الانجاز، إضافة إلى عدم إفساح المجال لأعضاء المجتمع المدرسي في المشاركة في صناعة القرار، والتعامل غير الفعّال مع نظم المعلومات الإدارية، وعدم القدرة على الاستثمار الأمثل لجميع الإمكانات والموارد المادية والمالية والبشرية والتقنية في المدرسة.

ولم تنسجم هذه النتائج مع دراسة البرعمي (2005) التي ترى أن درجة فاعلية المدرسة الأساسية من وجهة المديرين والمشرفين والمعلمين كانت عالية، ولم تنسجم هذه النتائج كذلك مع دراسة أبو الرز (1991) التي أوضحت أن خصائص المدرسة الفاعلة في المدارس الإعدادية التابعة لوكالة الغوث الدولية في الأردن تقع فوق مستوى الفاعلية المدرسية المقبولة تربويا، كذلك لم تنسجم هذه النتائج مع

دراسة الجرادات (1995) التي أظهرت أن خصائص المدرسة الأساسية الفعالة بشكل عام حصلت على أهمية عالية جدا، ويرى مديرو تلك المدارس إن مدارسهم عالية الفعالية.

إلا أن هذه النتائج انسجمت مع دراسة الماجدي (2003) التي ترى أن درجة فاعلية المدرسة الأساسية بشكل عام كانت بدرجة متوسطة من وجهة نظر كل من المعلمين والمديرين.

ثانيا: مناقشة النتائج المتعلقة بالسؤال الثاني

ما تقدير درجة فاعلية الأداء المؤسسي في المدارس الثانوية الحكومية في إقليم الشمال من وجهة نظر مديري المدارس ومعلميها في المجالات التالية؟

1. التخطيط الاستراتيجي.

2. القيادة المدرسية.

3. التعليم أو التدريس.

4. تكنولوجيا المعلومات.

5. المناخ التنظيمي في المدرسة.

6. الامتحانات والاختبارات والتقويم التربوي.

7. العلاقة بين المدرسة والمجتمع المحلي.

قام الباحث باحتساب المتوسطات الحسابية لكل مجال من مجالات الدراسة، انظر جدول (5)، فقد حصل مجال المناخ التنظيمي في المدرسة على أعلى المتوسطات الحسابية (2.78) وهو بدرجة (متوسطة)؛ حيث أظهرت نتائج هذه الدراسة حصول جميع فقراته على متوسطات حسابية بدرجة (متوسطة) وهذا يدل على أن المناخ التنظيمي في المدارس الثانوية الحكومية في إقليم الشمال مناخ

يسوده الإحساس بالمساواة، والعدل، وتكافؤ الفرص، لدى العاملين في المدرسة، وكذلك يشيع الإحساس بتحقيق الذات لدى العاملين في المدرسة. وكذلك يسود الإحساس بالرضى لدى العاملين نظرا لاعتماد نظام سليم للحوافز المالية والمعنوية في المدرسة إضافة إلى أجواء التعاون، والعمل، بروح الفريق التي تسود المدارس.

وجاءت الفقرة (46) التي تنص على " يسود الإحساس بالمساواة والعدل وتكافؤ الفرص لدى العاملين في المدرسة"، في المرتبة الأولى، وتعزى هذه النتيجة إلى الجو العام للدولة الأردنية المتمثل بشيوع الديمقراطية وحرية التعبير، تلك الديمقراطية التي أرسى قواعدها جلالة المغفور له الملك الحسين طيب الله ثراه وواصل من بعده جلالة الملك عبد الله الثاني ابن الحسين ـ أدام الله ملكه ـ السير على نفس النهج، ويمكن القول بان الإحساس بالمساواة والعدل وتكافؤ الفرص هي من أهم ثمار هذه الديمقراطية.

وجاءت الفقرة (49) " يسود الانضباط والنظام في المدرسة لدى العاملين والمتعلمين" في المرتبة الأخيرة في هذا المجال. ويمكن تفسير ذلك بان تعليمات الانضباط المدرسي المعتمدة في وزارة التربية والتعليم غير مفعّلة من قبل الإدارة المدرسية، مما أدى إلى تدني مستوى الانضباط المدرسي بالنسبة للمتعلمين، وكذلك التهاون في جانب المساءلة والمحاسبة بحق العاملين في المدرسة كان سببا في عدم شيوع الانضباط والنظام لدى العاملين في المدرسة.

وانسجمت نتيجة هذا المجال مع دراسة الجرادات (1995) التي أظهرت أن أكثر المجالات تحققا في المدارس من وجهة نظر مديري المدارس هو مجال المناخ التنظيمي، كذلك انسجمت هذه الدراسة مع دراسة البرعمي (2005) التي أظهرت أن فاعلية المدرسة الأساسية الحكومية في سلطنة عمان كانت متوسطة في مجال المناخ التنظيمي.

أما مجال القيادة المدرسية فقد حصل على المرتبة الثانية بمتوسط مقداره (2.65)، وهو بدرجة (متوسطة)، كذلك أظهرت نتائج هذا المجال أن (9) فقرات حصلت على درجة (متوسطة) في حين حصلت (فقرتان) على درجة (قليلة) وحصلت فقرة واحدة على درجة (كبيرة).

وهذا يدل على أن مديري المدارس الثانوية الحكومية في إقليم الشمال يمارسون القيادة المدرسية بدرجة لا باس بها، وذلك من خلال تنمية الإحساس بالولاء والانتماء للمدرسة، وكذلك إثارة الفكر النقدي بين أعضاء المجتمع المدرسي لتطوير العملية التربوية وتشجيعه، وكذلك المقدرة على التفكير بطريقة ابتكاريه وتفويض الصلاحيات لأعضاء المجتمع المدرسي.

وجاءت الفقرة رقم (21) التي تنص على " إثارة الفكر النقدي بين أعضاء المجتمع المدرسي لتطوير العملية التربوية وتشجيعه" في المرتبة الأولى في هذا المجال ويعزى ذلك إلى السلوك الديمقراطي الشائع في مدارس وزارة التربية والتعليم، كما أُشير إليه سابقا مما أشاع حرية الرأي والتعبير، وبالتالي إثارة الفكر النقدي.

وجاءت الفقرة رقم (20) والتي تنص على " تطبيق نظام فعال للرقابة على الأداء وتقويم الانجاز" في المرتبة الأخيرة في هذا المجال ويمكن تفسير ذلك بالتقصير في تفعيل وتطبيق هذا النظام من قبل الرئيس المباشر كل في دائرته، إضافة إلى عامل الواسطة والمحسوبية الذي يلقي بثقله عند تطبيق الأنظمة والتعليمات.

وانسجمت نتيجة هذا المجال مع دراسة الجرادات (1995) التي أظهرت أن أكثر المجالات تحققا في المدارس الأساسية الفعالة من وجهة نظر مديري المدارس هو القيادة المدرسية، وانسجمت هذه الدراسة مع دراسة الماجدي (2003) التي ترى أن خصائص المدارس الابتدائية الفعالة من وجهة نظر المديرين كانت عالية في مجال القيادة التعلمية.

أما مجال تكنولوجيا المعلومات فقد حصل على المرتبة الثالثة بمتوسط مقداره (2.55)، وهو بدرجة (متوسطة) كذلك أظهرت نتائج هذا المجال أن (3) فقرات حصلت على درجة (متوسطة) في حين حصلت (فقرتان) على درجة (قليلة)، وهذا يدل على أن مجال تكنولوجيا المعلومات في مدارس وزارة التربية والتعليم في إقليم الشمال قد تم تطبيقه على وجه جيد نسبيا من خلال توفير قاعدة بيانات مدرسية حديثة، تشتمل هذه القاعدة على أعداد المعلمين ومؤهلاتهم وأعداد الطلبة موزعين حسب الصفوف الدراسية ومن خلال توفير الدعم والمساندة للمعلمين، وتشجيعهم على تطوير برامج التعليم الالكترونية بهدف تعزيز وإثارة عمليات التعلم.

وجاءت الفقرة رقم (39) والتي تنص على " توفير قاعدة بيانات مدرسية حديثة بحيث تشتمل هذه القاعدة على أعداد المعلمين ومؤهلاتهم وأعداد الطلبة موزعين حسب الصفوف الدراسية" في المرتبة الأولى ويعزى ذلك إلى النهضة الحاسوبية في وزارة التربية والتعليم، والى تزويد جميع مدارس إقليم الشمال بالأجهزة الحاسوبية التي لا تخلو منها مدرسة ثانوية إطلاقا. إضافة إلى تدريب مديري المدارس ومعلميها على المهارات الحاسوبية وخاصة دورات إنتل ودورات ICDL.

وجاءت الفقرة (40) التي تنص على " توظيف واستخدام تكنولوجيا المعلومات في إدارة الموارد البشرية والمادية في المدرسة" في المرتبة الأخيرة ويعزى ذلك إلى تقصير الإدارات المدرسية في إدخال البيانات الخاصة بالموارد البشرية والمادية الخاصة بالمدرسة إلى أجهزة الحاسوب.

أما مجال التعليم أو التدريس فقد حصل على المرتبة الرابعة بمتوسط مقداره (2.54) وهو بدرجة (متوسطة)، كذلك أظهرت نتائج هذا المجال أن (6) فقرات

حصلت على درجة (قليلة) في حين حصلت (6) فقرات أخرى على درجة (متوسطة).

وهذا يدل على أن مجال التعليم أو التدريس جاء تطبيقه بدرجة متوسطة وفقا لوجهات نظر مديري المدارس الثانوية الحكومية في إقليم الشمال ومعلميها وذلك من خلال الربط بين التعليم في الفصول الدراسية وحاجات المتعلمين من جهة واحتياجات المجتمع المحلي من جهة أخرى، إضافة إلى اعتماد الهيئة التدريسية في المدرسة على مصادر متنوعة داخل المدرسة وخارجها في عملية التعلم والتعليم، وكذلك توظيف استراتيجيات التعليم القائمة على البحث والاستقصاء وتنمية أساليب التفكير.

وجاءت الفقرة رقم (33) والتي تنص على " يتم ربط التعليم في الفصول الدراسية بحاجات المتعلمين من جهة واحتياجات المجتمع المحلي من جهة أخرى" في المرتبة الأولى ويعزى ذلك إلى دور وزارة التربية والتعليم في فتح المجال للمتعلمين في الالتحاق بمسارات التعليم الثانوي المختلفة، من اجل تلبية حاجاتهم من ناحية، وتلبية حاجات المجتمع من ناحية أخرى.

وجاءت الفقرة رقم (38) والتي تنص على " إثارة قدرات المتعلمين لممارسة العمليات العقلية العليا ومهارة التقصي والاكتشاف" في المرتبة الأخيرة في هذا المجال ويعزى ذلك إلى تقصير وزارة التربية والتعليم في تدريب المعلمين، واقتصار التدريب على المهارات العقلية الدنيا، في حين جاء التركيز على المهارات العقلية العليا المتعلقة بالاستقصاء والاكتشاف بدرجة ضعيفة نسبيا، إضافة إلى تركيز المعلمين في تخطيطهم اليومي والفصلي على المهارات المعرفية (التذكر والفهم والاستيعاب)، في حين اغفلوا التركيز على مهارات التطبيق والتحليل والتركيب والتقويم (المهارات العقلية العليا)؛ هذه العوامل كانت سببا في عدم إثارة قدرات المتعلمين لممارسة العمليات العقلية العليا من قبل المعلمين.

أما مجال العلاقة بين المدرسة والمجتمع المحلي قد حصل على المرتبة الخامسة بمتوسط مقداره (2.51) وهو بدرجة (متوسطة)، كذلك أظهرت نتائج هذا المجال أن (6) فقرات حصلت على درجة (متوسطة) في حين حصلت (4) فقرات على درجه (قليله).

ويؤشر ذلك على أن مجال العلاقة بين المدرسة والمجتمع المحلي جاء تطبيقه بدرجة متوسطة نسبيا. وذلك من خلال قيام المدرسة بالاجتماع مع أولياء الأمور لتقديم النصح والإرشاد في مجال الرعاية الاجتماعية والصحية والسلوكية لأبنائهم الطلبة إضافة إلى قيام المدرسة بعقد الندوات الثقافية لأبناء المجتمع المحلي في المناسبات الدينية والاجتماعية والوطنية.

وجاءت الفقرة رقم (67) والتي تنص على " تقوم المدرسة بالاجتماع مع أولياء الأمور لتقديم النصح والإرشاد في مجال الرعاية الاجتماعية والصحية والسلوكية لأبنائهم الطلبة" في المرتبة الأولى ويمكن تفسير ذلك بان العلاقة القائمة بين المدرسة والمجتمع المحلي هي علاقة ودية، علاقة تقوم على الاحترام وتقديم الخدمة من قبل المدرسة لأولياء أمور الطلبة مساهمة من المدرسة في حل مشاكل الطلبة من خلال التواصل والمتابعة الحثيثة للارتقاء بالطلبة إلى مستوى أعلى من الرعاية الاجتماعية والصحية والسلوكية.

وجاءت الفقرة رقم (71) والتي تنص على " تنظم المدرسة زيارات للطلبة إلى المراكز الصحية والمستشفيات ومراكز الشرطة والدفاع المدني والنوادي والجمعيات ومؤسسات المجتمع المدني من اجل التعرف إلى الخدمات والبرامج التي تقدمها للمجتمع المحلي" في المرتبة الأخيرة في هذا المجال ويعزى ذلك إلى أن مدارس وزارة التربية والتعليم في إقليم الشمال ما زالت تعاني من التقصير في التخطيط لموضوع زيارات الطلبة إلى مؤسسات المجتمع المدني؛ من اجل التعرف على الخدمات والبرامج التي تقدمها هذه المؤسسات للمجتمع المحلي، ويعود ذلك إلى

انهماك هذه المدارس في البرنامج المنهجي وعدم إيلاء جانب النشاطات والرحلات والزيارات اللامنهجية الأهمية المطلوبة.

وقد انسجمت هذه الدراسة مع دراسة البرعمي (2005) التي ترى أن فاعلية المدرسة الأساسية الحكومية في سلطنة عمان من وجهة نظر المشرفين والمديرين والمعلمين كانت متوسطة في مجال علاقة المدرسة بالمجتمع المحلي.

أما مجال الامتحانات والاختبارات فقد حصل على المرتبة السادسة بمتوسط مقداره (2.2) وهو بدرجة (منخفضة) كذلك أظهرت نتائج هذا المجال أن (9) فقرات حصلت على درجة (قليلة) في حين حصلت (فقرتان) على درجة (متوسطة).

وهذا يدل على أن مجال الامتحانات والاختبارات جاء تطبيقه بدرجة ضعيفة نسبيا وقد تم توضيح ذلك مسبقا.

وجاءت الفقرة رقم (52) والتي تنص على "ينظر إلى التقويم باعتباره جزءاً لا يتجزأ من عملية التعلم والتعليم" في المرتبة الأولى ويمكن تفسير ذلك بان التقويم ركن أساسي من أركان العملية التعلمية التعليمية، ولا تعليم دون تقويم كما أن أهداف العملية التعليمية التعلمية لا يمكن أن تتحقق دون تقويم.

وجاءت الفقرة رقم (59) والتي تنص على " يعتمد نظام التقويم الذي يركز على معايير الإتقان بدلا من التقويم الذي يعتمد على مستويات معيارية مقننة أو التي تقوم بتقسيم الطلاب وفقا للمنحنى الطبيعي (منحنى جوس)" في المرتبة الأخيرة ويعزى ذلك إلى أن التعليم لم يصل إلى مرحلة الإتقان بعد لعدة أسباب منها:

1. نقص الخبرات لدى المعلمين وخاصة حديثي التعيين.
2. عدم انخراط المعلمين بالتدريب على مهارات التقويم قبل البدء بالتدريس.

3. أن بعـض المتعلمـين لم يتقنـوا المهـارات الأساسـية كـالقراءة والكتابـة والحساب.

4. تركيز المعلمين على الاختبارات معيارية المرجع.

أما مجال التخطيط الاستراتيجي فقد حصل على المرتبة السابعة والأخيرة بمتوسط مقداره (2.13) وهو بدرجة (قليلة) كذلك أظهرت نتائج هذا المجال أن جميع الفقرات حصلت على درجة (قليلة) باستثناء الفقرة السابعة والتي حصلت على درجة (متوسطة).

ويدل ذلك على أن مجال التخطيط الاستراتيجي جـاء تطبيقـه بدرجـة ضعيفة ومتدنيـة نسبيا من وجهة نظر مديري المدارس في إقليم الشـمال وكـذلك المعلمـين؛ ولعـل مـرد ذلك هـو أن التخطيط الاستراتيجي هو مجال مناط بوزارة التربية والتعليم وليس بمدارس هـذه الـوزارة باستثناء بعض الجوانب المحدودة على مستوى المدرسة حيـث تقوم المدرسة بالمتابعة والتقـويم المسـتمر لبرامجها ومشروعاتها التي تنفذها فقط.

وجاءت الفقرة رقم (7) والتـي تـنص عـلى " تقوم المدرسـة بعمليـات المتابعـة والتقـويم المستمر للبرامج والمشروعات المدرسية التـي تنفذها" في المرتبـة الأولى ويمكن أن يعـزى ذلك إلى المتابعة الحثيثة من قبل الإدارة المدرسية، والإشراف المبـاشر عـلى الـبرامج والمشروعات التـي تقوم المدرسة بانجازها ككتابة الخطط الفصلية، واليومية، والزيارات الإشرافية، وإعداد الـبرامج، ومتابعة دوام المعلمين والطلبة وغير ذلك من النشاطات اليومية على مستوى المدرسة.

وجاءت الفقرة رقم (4) والتي تنص عـلى "تراعـي الخطـة الإستراتيجية للمدرسـة وبـرامج عملها الاحتياجات الحقيقية للمدرسة والمجتمع" في المرتبة الأخيرة في هـذا المجال ويعـزى ذلك إلى عجز موازنات هذه المدارس عن تلبية حاجاتها لاسيما المدارس الثانويـة، وكـذلك عجزهـا عـن تلبية حاجات المجتمع المحيط بها ولعل

ذلك بسبب شح هذه الموازنات واعتمادها على ما يجمع من تبرعات مدرسية فقط، وهذه الموازنات لا تفي بحاجات المدرسة من القرطاسية وتامين حاجات ولوازم الأنشطة المختلفة والمكالمات الهاتفية وغيرها من الالتزامات المختلفة.

ثالثا:مناقشة النتائج المتعلقة بالسؤال الثالث

1. هل توجد فروق ذات دلالة إحصائية في تقدير درجة فاعلية الأداء المؤسسي في المدارس الثانوية الحكومية في شمال الأردن من وجهة نظر مديري المدارس ومعلميها. تعزى لمتغير الجنس؟

2. هل توجد فروق ذات دلالة إحصائية في تقدير درجة فاعلية الأداء المؤسسي في المدارس الثانوية الحكومية في شمال الأردن من وجهة نظر مديري المدارس ومعلميها. تعزى لمتغير المؤهل العلمي؟

3. هل توجد فروق ذات دلالة إحصائية في تقدير درجة فاعلية الأداء المؤسسي في المدارس الثانوية الحكومية في شمال الأردن من وجهة نظر مديري المدارس ومعلميها. تعزى لمتغير الخبرة؟

4. هل توجد فروق ذات دلالة إحصائية في تقدير درجة فاعلية الأداء المؤسسي في المدارس الثانوية الحكومية في شمال الأردن من وجهة نظر مديري المدارس ومعلميها. تعزى لمتغير الوظيفة؟

5. هل توجد فروق ذات دلالة إحصائية في تقدير درجة فاعلية الأداء المؤسسي في المدارس الثانوية الحكومية في شمال الأردن من وجهة نظر مديري المدارس ومعلميها. تعزى لمتغير المنطقة التعليمية؟

أولا: متغير الجنس

تم استخدام المتوسطات الحسابية والانحرافات المعيارية، واختبار ليفين (Leven's Test) للمقارنة بين مجموعتي الذكور والإناث لمجالات الدراسة وللأداة ككل حيث أظهرت النتائج (انظر جدول رقم (14)) أن المجموع الكلي لقيمة (ف) هي (0.013) وهذا يدل على عدم وجود فروق ذات دلالة إحصائية عند مستوى الدلالة (0.05=α) لمتغير الجنس. ويمكن ملاحظة ذلك من خلال تقارب المتوسطات الحسابية بين الذكور والإناث على كل مجالات الدراسة والمجموع الكلي لهما.

وقد انسجمت هذه الدراسة مع دراسة العمايرة وأبو نمرة (2004) التي أظهرت انه لا توجد فروق ذات دلالة إحصائية تعزى لمتغير الجنس.

في حين لم تتفق هذه الدراسة مع دراسة البرعمي (2005) التي ترى انه يوجد فروق في وجهات نظر المديرين والمشرفين والمعلمين في درجة فاعلية المدرسة الأساسية تعزى لمتغير الجنس ولصالح الإناث.

كذلك انسجمت هذه الدراسة مع دراسة مليحات (1993) التي ترى انه لا يوجد فروق تعزى لمتغير الجنس في وجهات نظر كل من المديرين والمعلمين وأولياء الأمور في فاعلية إدارة المدرسة الثانوية الحكومية في تنمية المجتمع المحلي في مديرية تربية عمان الكبرى الأولى.

كذلك انسجمت هذه الدراسة مع دراسة حداد (1993) التي أظهرت انه لا توجد فروق ذات دلالة تعزى لمتغير الجنس بالنسبة لوجهات نظر المديرين والمعلمين بالنسبة لفاعلية المدرسة الثانوية الأكاديمية الحكومية في الأردن.

ثانيا: متغير المؤهل العلمي

تم استخدام المتوسطات الحسابية والانحرافات المعيارية وتحليل التباين الأحادي لمعرفة اثر متغير المؤهل العلمي على وجهات نظر مديري المدارس ومعلميها في إقليم الشمال، حيث أظهرت النتائج (انظر جدول (15)) أن ابرز المتوسطات الحسابية لمتغير المؤهل العلمي كان لمؤهل (الدبلوم المتوسط والبكالوريوس) حيث بلغت لمجال التخطيط الاستراتيجي (2.07) بالنسبة للدبلوم المتوسط وبلغت لنفس المجال (2.26) بالنسبة لمؤهل البكالوريوس، وبلغت لمجال القيادة المدرسية (2.74) بالنسبة للدبلوم المتوسط وبلغت لنفس المجال (2.73) بالنسبة لمؤهل البكالوريوس، وبلغت لمجال التعلم أو التدريس (2.69) بالنسبة للدبلوم المتوسط وبلغت لنفس المجال (2.70) بالنسبة لمؤهل البكالوريوس، وبلغت لمجال تكنولوجيا المعلومات (2.75) بالنسبة للدبلوم المتوسط وبلغت لنفس المجال (2.64) بالنسبة لمؤهل البكالوريوس، وكذلك لمجال المناخ التنظيمي (2.94) بالنسبة للدبلوم المتوسط وبلغت لنفس المجال (2.91) بالنسبة لمؤهل البكالوريوس، وكذلك بلغت لمجال الامتحانات والاختبارات والتقويم التربوي (2.24) بالنسبة للدبلوم المتوسط وبلغت لنفس المجال (2025) بالنسبة لمؤهل البكالوريوس، وكذلك بلغت لمجال العلاقة بين المدرسة والمجتمع المحلي (2.74) بالنسبة للدبلوم المتوسط وبلغت لنفس المجال (2.64) بالنسبة لمؤهل البكالوريوس.

وللكشف عن دلالة الفروق الظاهرية أظهرت النتائج (انظر جدول (16)) وجود فروق ذات دلالة إحصائية (α=0.05) لتعزى لمتغير المؤهل العلمي على مجالات الدراسة وهي: التخطيط، القيادة المدرسية، التعليم أو التدريس، تكنولوجيا المعلومات، المناخ التنظيمي، العلاقة بين المدرسة والمجتمع المحلي.

بينما لا توجد فروق ذات دلالة إحصائية عند مستوى الدلالة (α=0.05) تعزى لمتغير المؤهل العلمي على مجال الامتحانات والاختبارات والتقويم التربوي.

وللكشف عن مواقع الدلالة الإحصائية في المجالات بين متغير المؤهل العلمي، تم تطبيق اختبار شيفيه (Scheffe) حيث أظهرت النتائج (انظر جدول (17)) وجود فروق إحصائية على مجالات الدراسة تبعا لمتغير المؤهل العلمي كانت دالة عند مقارنة البكالوريوس مع الفئات الأخرى لصالح البكالوريوس + دبلوم عالي، وكذلك دالة عند مقارنة البكالوريوس مع الفئات الأخرى لصالح الماجستير أيضا ولكن بمستوى اقل من مؤهل البكالوريوس + دبلوم عالي، وكذلك دالة عند مقارنة مؤهل البكالوريوس + الدبلوم العالي مع الفئات الأخرى لصالح مؤهل البكالوريوس، وعند مقارنة مؤهل الماجستير مع الفئات الأخرى يتضح وجود فروق ذات دلالة إحصائية لصالح مؤهل البكالوريوس.

ويمكن تفسير ذلك بان الذين يحملون مؤهل الدبلوم المتوسط والذين يحملون البكالوريوس لم يرتقوا إلى مستوى حملة الدبلوم العالي أو الماجستير من حيث التأهيل التربوي، لذا نلاحظ أن حكم هؤلاء على درجة فاعلية الأداء المؤسسي في المدارس الثانوية الحكومية هو حكم دقيق عن واقع هذه المدارس، آخذين بعين الاعتبار أن المعلمين الذين ينخرطون في برامج التأهيل التربوي (الدبلوم العالي أو الماجستير) يتعرفون على كم هائل من المخالفات والتجاوزات والانتهاكات عند مقارنة ما يدرسه هؤلاء المعلمون مع واقع مدارسهم. من هذا الباب فهم يتجاوزون كثيرا من مواقف الخلل والضعف على عكس المعلمين الذين يحملون مؤهل الدبلوم المتوسط والبكالوريوس فهم يأخذون الأمور على طبيعتها من هنا كانت استجابتهم عالية.

إضافة إلى عامل العدد حيث أن أكبر شريحة استجابت للدراسة كانت من الذين يحملون مؤهل البكالوريوس وهي تساوي أكثر من نصف عينة الدراسة، من هنا كانت استجابتهم عالية.

وقد انسجمت هذه الدراسة مع دراسة مليحات (1993) التي أظهرت انه توجد فروق تعزى لمتغير المؤهل العلمي بالنسبة لوجهات نظر المديرين في تقدير فاعلية إدارة المدرسة الثانوية الحكومية في تنمية المجتمع المحلي في مديرية تربية عمان الكبرى الأولى. ولم تنسجم مع نفس الدراسة بالنسبة لوجهات نظر المعلمين.

كذلك انسجمت مع دراسة البرعمي (2005) التي أظهرت انه توجد فروق ذات دلالة تعزى لمتغير المؤهل العلمي ولصالح البكالوريوس واقل من بكالوريوس، لكنها لم تتفق مع دراسة العمايرة وأبو نمرة (2004) التي أظهرت انه لا يوجد فروق تعزى لمتغير المؤهل العلمي.

ثالثا :متغير الخبرة

تم استخدام المتوسطات الحسابية و الانحرافات المعيارية و تحليل التباين الأحادي لمعرفة أثر متغير الخبرة على وجهات نظر مديري المدارس ومعلميها في إقليم الشمال، حيث أظهرت النتائج (أنظر جدول (18)) أن أبرز المتوسطات الحسابية لمتغير سنوات الخبرة في وزارة التربية والتعليم كانت ل (1-5) سنوات حيث بلغت لمجال التخطيط الاستراتيجي (2.32) ولمجال القيادة المدرسية (2.94) ولمجال التعليم أو التدريس(2.83)، ولمجال تكنولوجيا المعلومات (2.75)، ولمجال المناخ التنظيمي في المدرسة (3.02)، ولمجال الامتحانات والاختبارات والتقويم التربوي (2.28)، ولمجال العلاقة بين المدرسة والمجتمع المحلي (2.75).

وللكشف عن دلالة الفروق الظاهرية أظهرت النتائج(انظر جدول (19)) وجود فروق ذات دلالة إحصائية (0.05 =α) تعزى لمتغير الخبرة على مجالات

الدراسة، التخطيط الاستراتيجي، القيادة المدرسية، التعليم أو التدريس، تكنولوجيا المعلومات، المناخ التنظيمي، العلاقة بين المدرسة والمجتمع المحلي.

بينما لا توجد فروق ذات دلالة إحصائية عند مستوى الدلالة (α= 0.05) تعزى لمتغير الخبرة على مجال الامتحانات والاختبارات والتقويم التربوي.

وللكشف عن مواقع الدلالة الإحصائية في المجالات بين متغير الخبرة تم تطبيق اختبار شيفيه (Scheffe) للمقارنات البعدية حيث أظهرت النتائج(انظر جدول(20)) وجود فروق إحصائية على مجالات الدراسة تبعا لمتغير الخبرة كانت دالة عند مقارنة من لديهم خبرة (1-5) مع الفئات الأخرى لصالح خبرة (16-20) وخبرة (21 فأكثر)، ودالة عند مقارنة من لديهم خبرة (6-10) مع الفئات الأخرى لصالح خبرة (21 فأكثر)

إضافة إلى أن عدد هؤلاء من كانت خبرتهم (1-5) سنوات هو العدد الأكبر مقارنة مع الفئات الأخرى لذا كانت استجابتهم عالية.

وكذلك كانت دالة عند مقارنة من لديهم خبرة (١١-١٥) مع الفئات الأخرى لصالح خبرة (21 فأكثر)، ودالة عند مقارنة من لديهم خبرة (١٦-٢٠) مع الفئات الأخرى لصالح خبرة (١-٥)، ودالة عند مقارنة من لديهم خبرة(21 فأكثر) مع الفئات الأخرى لصالح الخبرة من(١-٥)، ومن(٦-١٠)، ومن(١١-١٥)، ويمكن تفسير ذلك بأن من خبرتهم(١-٥) سنوات هم جميعا من المعلمين، آخذين بعين الاعتبار بأن من كانت خبرته أقل من خمس سنوات لا يحق له تولي الإدارة المدرسية، إذا جميع من كانت سنوات خبرته أقل من خمس سنوات هو معلم فهذه الفئة جميعها من المعلمين الذين ما زالوا حديثي العهد في العمل التربوي، وشعورا منهم بأن تنفيذ هذه المجالات يقع على عاتق الإدارة المدرسية فقط وليس على المعلم كانت استجاباتهم عالية.

ولم تنسجم هذه الدراسة مع دراسة العزام(٢٠٠٦) التي أظهرت عدم وجود فروق ذات دلالة تعزى لمتغير الخبرة في وزارة التربية والتعليم في وجهات نظر العاملين في مدارس الملك عبد الله الثاني للتميز عند تقدير درجة فاعلية إدارة هذه المدارس.

رابعا :متغير الوظيفة

تم استخدام المتوسطات الحسابية والانحرافات المعيارية واختبار ليفين (Leven's Test) للكشف عن أثر متغير الوظيفة على وجهات نظر مديري المدارس ومعلميها في إقليم الشمال، حيث أظهرت النتائج (انظر جدول (23)) إن أبرز المتوسطات الحسابية لمتغير الوظيفة كان لوظيفة(معلم) حيث بلغت لمجال التخطيط الاستراتيجي (2.27)، ولمجال القيادة المدرسية(2.81) ولمجال التعليم أو التدريس(2.73) ولمجال تكنولوجيا المعلومات(2.71) ولمجال التنظيمي في المدرسة (2.95) ولمجال الامتحانات والاختبارات والتقويم التربوي (2.28) ولمجال العلاقة بين المدرسة والمجتمع المحلي (2.68).

وللكشف عن دلالة الفروق الظاهرية أظهرت النتائج (انظر جدول (24)) وجود فروق ذات دلالة إحصائية (α= 0.05) تعزى لمتغير الوظيفة على مجالات الدراسة التخطيط الاستراتيجي، القيادة المدرسية، التعليم أو التدريس، تكنولوجيا المعلومات، الامتحانات والاختبارات والتقويم التربوي.

بينما لا توجد فروق ذات دلالة إحصائية عند الدلالة (α= 0.05) تعزى لمتغير الوظيفة على مجالي المناخ التنظيمي في المدرسة والعلاقة بين المدرسة والمجتمع المحلي

ويمكن تفسير ذلك بأن المعلمين أدق حكما في تقديراتهم لدرجة فاعلية الأداء المؤسسي في المدارس الثانوية الحكومية فهم الذين يحكمون على مدى نجاح

مختلف جوانب العمل المؤسسي بشكل أدق مقارنة مع مديري المدارس وذلك لتماسهم المباشر مع مختلف هذه الجوانب وقد يكون حكم الإدارات المدرسية بعيدا عن الموضوعية أحيانا شعورا منهم أن ذلك يشكل نقدا لإداراتهم واتهاما مباشرا لها بالتقصير. إضافة إلى أن السواد الأعظم من عينة الدراسة كان من المعلمين فهم يشكلون ثلاثة أرباع عينة الدراسة.

خامسا: متغير المنطقة التعليمية

تم استخدام المتوسطات الحسابية والانحرافات المعيارية وتحليل التباين الأحادي لمعرفة أثر متغير المنطقة التعليمية على وجهات نظر مديري المدارس ومعلميها في إقليم الشمال لمجالات الدراسة والأداة ككل حيث أظهرت النتائج (انظر الجدول (22)). أن المجموع الكلي لعينة (ف) هي (1.390) وهذا يدل على عدم وجود فروق ذات دلالة عند مستوى الدلالة (α= 0.05) لمتغير المنطقة التعليمية.

ولم تنسجم هذه الدراسة مع دراسة البرعمي (2005) التي ترى انه يوجد فروق ذات دلالة إحصائية تعزى لمتغير المنطقة التعليمية في وجهات نظر المديرين والمشرفين والمعلمين في تقدير درجة فاعلية المدرسة الأساسية.

مناقشة النتائج المتعلقة بالسؤال الرابع

نص السؤال الرابع على ما يلي: ما أهم المقترحات الخاصة بتطور الأداء المؤسسي للمدارس الثانوية الحكومية في إقليم الشمال من وجهة نظر مديري المدارس ومعلميها؟

تم حساب التكرارات والنسب المئوية لنتائج المقابلات التي قام الباحث باجراءها مع مجموعة مكونة من (8) ثمانية مشاركين من مديري المدارس الثانوية في إقليم الشمال ومعلميها.

ولقد كان المقترح "**الاستخدام الأمثل للموارد المالية**

والمادية والتقنية والبشرية"، "على مدير المدرسة الاستخدام لجميع مرافق المدرسة من حيث البناء المدرسي حتى أنني شاهدت بعض المدارس تستغل الممرات الداخلية للمدرسة للاستعانة بها كغرف صفية، وغرف لبعض النشاطات المدرسية، شاهدت بعض المدارس قام مدراؤها بحفر بئر من خلال الاستعانة بالطلبة وكذلك التبرعات المدرسية، وأموال المقصف المدرسي من اجل تامين المدرسة بالماء عند انقطاع الماء في الشبكة الرئيسية، وكذلك لزراعة حديقة للمدرسة"، "لابد من استغلال جميع مرافق المدرسة وكذلك الحديقة المدرسية، وأحيانا أرى انه لابد من استغلال ممرات البناء المدرسي لعمل غرف صفية أو مستودعات أو غرف إدارية مثل مقصف المدرسة"، "الإدارة الفاعلة هي التي تقوم بالاستثمار الأمثل للإمكانات المالية والبشرية وهذا يعتبر من روافد التنمية المستدامة"، "إن استثمار إمكانات المدرسة هو في نظري لمصلحة الطالب ولخدمة الطالب على مدار الساعة، فعلى سبيل المثال استغلال المكتبة لتوجيه الطلاب نحو المطالعة وقراءة كل ما هو جديد، وهذا بالتالي استثمار لعقلية التلميذ، وصناعة إنسان مثقف يعرف ما حوله".

وكذلك المقترح "الاهتمام بتدريب المعلمين وضرورة انتقال اثر التدريب إلى الغرفة الصفية"، "الأهم من هذا وذاك انتقال اثر التدريب إلى الغرفة الصفية"، "انتقال اثر التدريب إلى غرفة الصف نادرا، وإذا لم ينتقل إلى غرفة الصف فهو تدريب فاشل"،" لابد من انتقال اثر التدريب إلى الغرفة الصفية"، "لا جدوى للتدريب في نظري إذا اقتصر على الورشة التدريبية"،" لا فائدة من التدريب إذا لم ينتقل أثره إلى الغرفة الصفية"، "إذا لم يصل التدريب إلى الغرفة الصفية فإنني اعتبره تدريبا فاشلا".

وكذلك المقترح "ضرورة ربط المدرسة بشبكة الانترنت للاطلاع على آخر المستجدات المعرفية والعلمية"،" ربط المدرسة بشبكة الانترنت أصبح ضرورة"، "لابد من ربط المدرسة بشبكة الانترنت"، "على مدير المدرسة ربط مدرسته بشبكة الانترنت فهو أمر في غاية الضرورة"، "ربط المدرسة بشبكة الانترنت يثري العمل والتطوير

شريطة السيطرة على الانترنت"، "ما يجعل المدرسة تواكب التطورات الحديثة هـو ربـط المدرسـة بشبكة الانترنت"، من أكثر المقترحات من قبل الأفراد المشـاركين وذلـك بتكـرار مقـداره (7) ونسـبة مئوية بلغت (87.5%).

هذا وقد حصل المقترح "تفعيل دور المجالس المدرسية" على اقل التكرارات (2) بنسبة مئوية بلغت (25%) من الاستجابات.

خلاصة لنتائج الدراسة

بناءا على ما جاء في تحليل ومناقشة نتائج الدراسة للمقابلات، والاستبانة, يلاحظ أن نتائج هذه الدراسة قد ارتبطت إلى حد ما, مع بعضها البعض والتي تظهر على النحو التالي:

1. أظهرت النتائج أن تقديرات درجة فاعلية الأداء المؤسسي ـ في المدارس الثانوية الحكومية في إقليم الشمال من وجهة نظر مديري المدارس ومعلميها من قبل عينة الدراسة على الأداة ككل كانت متوسطة.

2. أظهرت النتائج أن تقديرات درجة فاعلية الأداء المؤسسي ـ في المدارس الثانوية الحكومية في إقليم الشمال من وجهة نظر مديري المدارس ومعلميها من قبل عينة الدراسة على مجالات المناخ التنظيمي في المدرسة، ومجال القيادة المدرسية، ومجال تكنولوجيا المعلومات، ومجال التعليم والتدريس، ومجال العلاقة بين المدرسة والمجتمع كانت متوسطة.

3. أظهرت النتائج أن تقديرات درجة فاعلية الأداء المؤسسي ـ في المدارس الثانوية الحكومية في إقليم الشمال من وجهة نظر مديري المدارس ومعلميها من قبل عينة الدراسة على مجالات التخطيط الاستراتيجي، ومجال الامتحانات والاختبارات والتقويم التربوي كانت منخفضة.

4. حصل مجال المناخ التنظيمي على الترتيب الأول على الرغم من أن تقديرات درجة فاعلية الأداء المؤسسي لمديري المدارس الثانوية الحكومية ومعلميها في إقليم الشمال على هذا المجال كانت متوسطة.

5. حصل مجال الامتحانات والاختبارات والتقــويم التربــوي عـلى الترتيـب الأخير وبدرجة منخفضة.

6. أظهرت النتائج عدم وجود فروق ذات دلالة إحصائية عند مستوى الدلالة ($\alpha>0.05$) تعزى لمتغير الجنس.

7. أظهرت النتائج عدم وجود فروق ذات دلالة إحصائية عند مستوى الدلالة ($\alpha>0.05$) تعزى لمتغير المنطقة التعليمية.

8. أظهرت النتائج وجود فروق ذات دلالة إحصائية عند مستوى الدلالة ($\alpha>0.05$) تعزى لمتغير المؤهل العلمي ولصالح حملة مؤهل البكالوريوس.

9. أظهرت النتائج وجود فروق ذات دلالة إحصائية عند مستوى الدلالة ($\alpha>0.05$) تعزى لمتغير الخبرة ولصالح من كانت خبرتهم (1-5) سنوات.

10. أظهــرت النتــائج وجــود فـروق ذات دلالـة إحصـائية عنـد مسـتوى الدلالـة ($\alpha>0.05$) تعزى لمتغير الوظيفة ولصالح فئة المعلمين.

ملحق رقم (1)
الأدوار الجديدة للمدرسة

أولا: مجال قدرة المدرسة على إيجاد مخرجات تؤمن بضرورة دوام واستمرارية التعلم.

الرقم	الممارسات التي يجب أن تكون في المدرسة في هذا المجال
1	تعقد المدرسة دورات فنية لأفراد المجتمع المحلي.
2	تعقد المدرسة دورات مهنية لأفراد المجتمع المحلي.
3	ينفذ أولياء الأمور ويشرفون على تنفيذ برامج أكاديمية وترفيهية.
4	توفر المدرسة مصادر تعلم دائمة ومتطورة ومتنوعة لأفراد المجتمع المحلي.
5	تعمل مجالس الطلبة على التعاون بين المدرسة والمؤسسة الحكومية لتحقيق الأهداف التربوية.
6	يعتبر فتح مرافق المدرسية، كالحديقة، الملاعب، المكتبة أثناء وبعد الدوام المدرسي، استمرارا لتحقيق النمو المتوازن بين الطالب وأفراد المجتمع المحلي.
7	تعمل مجالس الأنشطة على التعاون بين المدرسة والفعاليات الاجتماعية في المجتمع المحلي.
8	توفر المدرسة نشاطات تعليمية تراعي الفروق الفردية والعمر وتشجع على الالتحاق بها.

ثانيا: مجال قدرة المدرسة على تقديم خدمات متكاملة للمجتمع المحلي.

الرقم	الممارسات التي يجب أن تكون في المدرسة في هذا المجال
1	تقدم المدرسة برامج لتطوير تعليم الكبار في المجتمع المحلي.
2	تقدم المدرسة برامج محو الأمية.
3	تدرس المدرسة مناهج متنوعة، صناعية، زراعية، تجارية، أكاديمية، تناسب ميول ورغبات الطلبة.
4	تقدم المدرسة برامج متنوعة خاصة بالموهوبين في المدرسة والمجتمع المحلي.

5	تقوم المدرسة بإصدار المجلات ونشرات وصحف تهتم بقضايا البيئة المحلية.
6	يقوم الطلبة في نهاية المرحلة الأساسية باختيار نوع التعليم المرغوب فيه بإرادتهم وحسب استعداداتهم وليس بناء على المعدل التراكمي.

ثالثا: مجال مساهمة المدرسة في التنمية الاقتصادية والمجتمعية للمجتمع المحلي.

الرقم	الممارسات التي يجب أن تكون في المدرسة في هذا المجال
1	تطلب المدرسة من المصانع والمؤسسات والشركات تدريب طلبتها في العطلة الصيفية لإكسابهم المهارات العملية.
2	يشارك المعلمون المؤهلون بخبراتهم في تصميم المشاريع الاقتصادية الناجحة في المجتمع.
3	تنظم المدرسة زيارات بيتية لتقديم النصح والإرشاد في مجال الاقتصاد المنزلي.
4	تنظم المدرسة زيارات بيتية لطلب العون المادي من المجتمع المحلي.
5	يساهم الطلاب في تنفيذ مشاريع اقتصادية عامة وخاصة في المجتمع المحلي.
6	تنظم المدرسة زيارات بيتية لتقديم النصح والإرشاد في مجال الرعاية الصحية.
7	تحرص المدرسة على عمل أبحاث ميدانية متنوعة تعود بالفائدة على المجتمع المحلي.
8	تشارك المدرسة في مخيمات الكشافة والمرشدات التي تشرف عليها وزارة التربية في العطلة الصيفية.
9	تشارك المدرسة في معسكرات عمل تطوعية أثناء العطلة الصيفية لخدمة المجتمع المحلي.
10	تخصص المدرسة أيام عمل تطوعية أثناء العام الدراسي لخدمة المجتمع المحلي.

رابعا: مجال مساهمة المدرسة في تقديم الخدمات الإنسانية والاجتماعية.

الرقم	الممارسات التي يجب أن تكون في المدرسة في هذا المجال
1	تقدم المدرسة خدمات للطاعنين في السن والمرضى في مجتمعها المحلي.
2	تزود المدرسة المجتمع المحلي بخبراتها في مجال تنظيم النسل.
3	تقدم المدرسة برامج ترفيهية وثقافية لمختلف فئات المجتمع المحلي.
4	تستقدم المدرسة خبراء مختصين لعقد ندوات للمجتمع المحلي في مجال الأسرة.
5	تفتح المدرسة أبوابها لتمكين أصحاب الهوايات من المجتمع المحلي من استخدام مرافقها.
6	تثري المدرسة المجتمع المحلي بخبراتها في مجال الرعاية التربوية - تنشئة الأطفال.
7	تستغل المدرسة المناسبات الدينية والاجتماعية لبناء الجسور الإنسانية مع المجتمع المحلي.
8	تستغل المدرسة المناسبات الوطنية والقومية لبناء الجسور مع المجتمع المحلي.

خامسا: مجال قدرة المدرسة على الاستخدام الأمثل لمصادر وموارد المجتمع المحلي.

الرقم	الممارسات التي يجب أن تكون في المدرسة في هذا المجال
1	تستفيد المدرسة من المجتمع المحلي في دعم موازنتها.
2	تسهم المؤسسات العامة والخاصة في دعم البرامج المجتمعية والتربوية المدرسية.
3	تستفيد المدرسة من القدرات المهنية والفنية والتقنية للطلاب والمجتمع المحلي في تنفيذ المشاريع والبرامج التربوية والثقافية.
4	تستغل المدرسة المواد الخام المحلية في صناعة الوسائل التعليمية وتجميل البناء والمرافق المدرسية.
5	تستفيد المدرسة من مناسبات الأفراح والأتراح لمد جسور الثقة بينها وبين المجتمع لما فيه الصالح العام.

سادسا: مجال الخدمات التربوية المتنوعة التي يجب أن تقدمها المدرسة للمجتمع المحلي.

الرقم	الممارسات التي يجب أن تكون في المدرسة في هذا المجال
1	تقيم المدرسة مخيمات مشتركة ناطقة باللغة الانجليزية لطلبتها وأفراد المجتمع المحلي.
2	تقدم المدرسة برامج تعليمية في الحاسوب للمهتمين في المجتمع
3	تقيم المدرسة مباريات رياضية ودية وتنافسية بين طلبتها والمجتمع المحلي.
4	يشارك أعضاء الهيئة التدريسية في كثير من أنشطة المجتمع المحلي.
5	تتفاعل المدرسة بنشاطها الثقافي مع مجتمعها المحلي من خلال الندوات والمحاضرات.
6	تشكل المدرسة الأطر الثقافية للمجتمع.
7	تشكل المدرسة الأطر الفكرية للمجتمع.
8	تشكل المدرسة الأطر القيمية للمجتمع.
9	تعمل إدارة المدرسة كونها جزءا متمما للمجتمع المحلي.
10	تعمل المدرسة على إعداد الطلبة إعدادا نفسيا للتكيف في كافة مجالات الحياة.

سابعا: مجال إشراك المدرسة أولياء الأمور والمجتمع المحلي في إعداد البرامج التعليمية والنشاطات المختلفة.

الرقم	الممارسات التي يجب أن تكون في المدرسة في هذا المجال
1	يقيّم أولياء أمور الطلبة برامج أنشطة المدرسة ويقدمون التغذية الراجعة لها.
2	يقيّم أولياء أمور الطلبة أداء المدرسة الأكاديمي.
3	تساهم مجالس الآباء والمعلمين والأمهات في وضع خطة إدارة المدرسة السنوية.
4	تستفيد المدرسة من أصحاب المهن والخبرات والاختصاص بإعطاء دروس ومحاضرات للطلبة في المدرسة.
5	تكرس المدرسة وقتا كافيا للالتقاء بأولياء الأمور والاستماع لآرائهم في تحسين المستوى الأكاديمي والسلوكي لأبنائهم.
6	تقبل المدرسة النقد والأفكار والآراء التي تعزز تأثيرها على المجتمع المحلي.

ثامنا: مجال تعاون المؤسسات والفعاليات الحكومية والخاصة مع المدرسة والحرص على إثرائها بخبراتها.

الرقم	الممارسات التي يجب أن تكون في المدرسة في هذا المجال
1	تعقد المراكز الصحية والطبية والمستشفيات دورات ولقاءات تمريضية للهيئات الطلابية للمساعدة في الأوقات الطارئة.
2	تقوم مراكز الشرطة والدفاع المدني بعقد دورات مستمرة لتكوين أصدقاء الشرطة وجمعيات طلابية أخرى ذات نشاط فعال.
3	تسمح المحطات والمراكز الزراعية لأعضاء من الهيئات التدريسية والإدارية بالتعرف على نشاطها وأعمالها والتعرف بأهدافها ومنجزاتها.
4	تسمح المحطات والمراكز الزراعية للهيئات الطلابية بالتعرف على نشاطاتها وأعمالها والتعرف بأهدافها ومنجزاتها.
5	تنظم المدرسة لقاءات دورية بينها وبين المجالس البلدية والقروية لتعريف الطلبة بطبيعة مهام هذه المجالس.
6	تنظم الشركات والبنوك والمؤسسات الاقتصادية دورات تدريبية للعديد من طلاب المدرسة لرفع كفاءاتهم العلمية والعملية.
7	تنظم الشركات والبنوك والمؤسسات الاقتصادية دورات تدريبية للعديد من المعلمين والإداريين لرفع كفاءاتهم العلمية والعملية.

ملحق رقم (2)

الأدوار الجديدة لمدير المدرسة

المجال الأول: الإدارة الديمقراطية.

الرقم	الممارسات التي يجب أن تكون في المدرسة في هذا المجال
1	إشراك الهيئة التدريسية والإداريين في اتخاذ القرار.
2	القدرة على إدارة نظام الثواب والعقاب بعدل ومساواة.
3	الحوار الهادف وتقبل الآراء والأفكار لجميع العاملين معه والطلبة.
4	إتقان مهارات التواصل والاتصال الفعّال.
5	الاستعداد لتقبل وتقديم النقد البناء.
6	القدرة على التفاعل الايجابي والتعامل مع الرؤساء والمرؤوسين في إطار الحرية المسؤولة وكرامة الفرد.
7	القدرة على خلق التعاون بين مجموعات الطلبة ومجموعة العاملين في المدرسة.
8	التفهم وضبط النفس والمرونة.
9	القدرة على العمل ضمن الفريق.
10	القدرة على إعطاء أحكام موضوعية محددة في مواضيع فنية أو إدارية.

المجال الثاني: إدارة الأفراد والموارد المادية والمالية.

الرقم	الممارسات التي يجب أن تكون في المدرسة في هذا المجال
1	القدرة على استغلال وتوظيف الموارد المالية والمادية بكفاءة لتحقيق الأهداف التربوية.
2	تلبية حاجات المدرسة ومتطلباتها حسب الأولوية.
3	القدرة على استغلال المرافق المدرسية في خدمة الأهداف التربوية.
4	القدرة على إدارة الاجتماعات بكفاءة.
5	القدرة على تقييم أداء العاملين في المدرسة.
6	المقدرة على الإشراف الفني للمعلمين والإداريين.
7	القدرة على تشكيل اللجان والهيئات والمجالس المتعلقة بالطلبة والهيئة التدريسية وتفعيل أدوارها.

8	القدرة على التخطيط السنوي القائم على الحاجات الفعلية.
9	توفير المناخ التنظيمي الصحي المناسب للعمل والدراسة.
10	تشجيع النمو المهني لدى العاملين في المدرسة.
11	القدرة على استقطاب المصادر المالية والمادية اللازمة.
12	القدرة على توظيف العلاقات الإنسانية في خدمة أهداف المدرسة.
13	القدرة على إثارة الحماس والدافعية لدى العاملين والطلبة.
14	القدرة على تحقيق التنسيق ما بين الجهود الفردية لتحقيق الأهداف التربوية.

المجال الثالث: إدارة الطلاب.

الرقم	الممارسات التي يجب أن تكون في المدرسة في هذا المجال
1	القدرة على التعامل مع الطلبة على أساس الفروق الفردية بينهم (الميول، الاتجاهات، القدرات العقلية والجسمية، مراحل النمو، ... الخ).
2	تنمية وتعزيز الاتجاهات والمهارات الإبداعية المتميزة عند الطلبة.
3	القدرة على وضع برامج علاجية خاصة بمشاكل التحصيل عند الطلبة.
4	دعم عملية التوجيه والإرشاد في المدرسة.
5	القدرة على وضع خطط ملائمة تساعد الطلبة في التعرف على اتجاهاتهم وميولهم المهنية.
6	القدرة على توفير وسائل الأمن والسلامة والصحة للطلبة.
7	الإلمام بمبادئ علم نفس النمو والشخصية واستخدام هذه المعلومات في إدارة الطلبة.
8	القدرة على حفظ النظام والانضباط المدرسي.

المجال الرابع: تطوير المنهاج المدرسي والنشاطات المرافقة.

الرقم	الممارسات التي يجب أن تكون في المدرسة في هذا المجال
1	إدراك أهمية النشاطات المدرسية في إثراء المنهاج.
2	إدراك دور الإدارة المدرسية في تحقيق الأهداف التربوية المنبثقة عن فلسفة التربية.
3	القدرة على مساعدة المعلمين في تحليل عناصر المنهاج لتحقيق الأهداف التربوية.

4	القدرة على توفير الوسائل المساعدة والمساندة للمنهاج بالطرق التي تتناسب مع وضع المدرسة.
5	مساعدة المعلمين في اختيار الأساليب المناسبة لتحسين طرق تنفيذ المناهج.
6	رعاية ألوان النشاط المدرسي وتطويرها بما يوفر للطلبة تربية علمية موجهة نحو الحياة.
7	القدرة على تحديد الاحتياجات للمنهاج التربوي المقرر.
8	تشكيل اللجان المدرسية المتخصصة لدراسة المناهج المدرسية في ضوء المستجدات والتطورات التربوية.
9	القدرة على متابعة أعمال المعلمين الخاصة بتحليل المنهاج والتعرف على أنواع الأنشطة الصفية واللاصفية اللازمة.
10	الإلمام المناسب بتصميم المناهج التربوية.
11	توفير التسهيلات المناسبة لتعريض الطلبة للخبرات المحسوسة المرتبطة بأهداف المنهاج.
12	المعرفة باستراتيجيات وأساليب التدريس الفعّال بما يخدم تحقيق أهداف المنهاج.
13	القدرة على ربط الجوانب النظرية بالجوانب العملية في المنهاج وتوجيه المعلمين لذلك.

المجال الخامس: تطوير علاقة المدرسة بالمجتمع المحلي.

الرقم	الممارسات التي يجب أن تكون في المدرسة في هذا المجال
1	القدرة على التأثير على مؤسسات المجتمع المختلفة لتوثيق علاقة المدرسة معها.
2	القدرة على تنظيم برامج لخدمة البيئة المحلية.
3	القدرة على إدارة الاجتماعات مع أولياء الأمور وتفعيل دورهم.
4	القدرة على تنظيم برامج متنوعة تتضمن مشاركة المجتمع المحلي.
5	القدرة على التعرف على إمكانات البيئة المحلية وحاجاتها واهتماماتها وإمكانية الإفادة منها.
6	المشاركة بجميع فعاليات وأنشطة مؤسسات المجتمع المختلفة.
7	تسخير مرافق المدرسة وإمكانياتها في خدمة المجتمع المحلي.
8	القدرة على بناء علاقات ودية مع أولياء الأمور ورؤساء المؤسسات المختلفة في المجتمع.

9	القدرة على تشكيل مجالس التطوير التربوي.
10	القدرة على جعل المدرسة مركز لتطوير المجتمع المحلي.

المجال السادس: المتابعة والتقويم.

الرقم	الممارسات التي يجب أن تكون في المدرسة في هذا المجال
1	القدرة على تقييم المناهج المدرسية.
2	القدرة على وضع نظام للتقويم المستمر لألوان النشاط المتصل بإثراء المناهج وتنفيذها ومتابعة ذلك.
3	القدرة على تقويم أداء العاملين في المدرسة بنزاهة وموضوعية.
4	القدرة على تقويم أداء الطلبة ومستواهم التحصيلي.
5	القدرة على تنويع أساليب التقويم المختلفة بما يتلائم والمواقف التعليمية/ التعلمية.
6	القدرة على تحليل النتائج والبيانات لغايات تقويم العملية التربوية بكافة عناصرها.
7	القدرة على إجراء الدراسات والأبحاث الإجرائية.
8	القدرة على إيجاد قاعدة بيانات ومعلومات لاستخدامها في عملية المتابعة والتقويم.
9	القدرة على وضع خطط علاجية لمعوقات تحقيق الأهداف التربوية.
10	القدرة على ربط الأساليب بالأهداف المراد تحقيقها ومتابعة ذلك.

المراجع العربية

أبو الرز، محمد حسن مصطفى. (1991). **فاعلية المدرسة الإعدادية في مدارس وكالة الغوث الدولية من وجهة نظر المشرفين والمديرين والمعلمين.** رسالة ماجستير غير منشورة، الجامعة الأردنية، عمان، الأردن.

أحمد، إبراهيم أحمد. (1999). **نحو تطوير الإدارة المدرسية.** القاهرة: مكتبة المعارف الحديثة.

أحمد، إبراهيم أحمد. (2000). **القصور الإداري في المدارس.** (ط1). القاهرة: دار الفكر العربي.

أحمد، إبراهيم أحمد. (2002). **العلاقات الإنسانية في المؤسسة التعليمية.** (ط1). الإسكندرية: دار الوفاء لدنيا الطباعة والنشر.

أحمد، حافظ فرج وحافظ، محمد صبري. (2003). **إدارة المؤسسات التربوية.** (ط1). القاهرة: علاء للكتب.

الأشهب، جواهر عبد الجميل. (2002). **تطوير البيئة التعليمية الآمنة الواقع والتطلعات المستقبلية.** رسالة المعلم، 41 (1-2). 52-61.

البدري، طارق عبد الحميد. (2005). **الاتجاهات الحديثة للإدارة المدرسية.** (ط1). عمان، الأردن: دار الثقافة للنشر والتوزيع.

البدري، طارق. (2005). **الاتجاهات الحديثة للإدارة المدرسية.** (ط1). عمان: دار الثقافة للنشر والتوزيع.

البرعمي، سمية بنت سعيد بن أحمد. (2005). **فعالية المدرسة الأساسية الحكومية في سلطنة عُمان من وجهة نظر المشرفين والمديرين والمعلمين.** رسالة ماجستير غير منشورة، الجامعة الأردنية، عمان، الأردن.

البوهي، فاروق شوقي. (1999). **التخطيط التربوي عملياته ومداخله وارتباطه بالتنمية.** الإسكندرية: دار المعرفة الجامعية.

البوهي، فاروق شوقي. (2001). **الإدارة التعليمية والمدرسية**. القاهرة: دار قباء للطباعة والنشر والتوزيع.

الثبتي، عبد الله بن عايض. (2002). **علم اجتماع التربية**. (ط1). الإسكندرية: المكتب الجامعي الحديث.

الجبر، زينب علي. (2002). **الإدارة المدرسية الحديثة من منظور علم النظام**. (ط1). حولي. الكويت: مكتبة الفلاح للنشر والتوزيع.

الجرادات، (محمد ماجد) أحمد محمود. (1995). **خصائص المدرسة الأساسية الفعالة في رأي مديري المدارس الأساسية في شمال الأردن**. رسالة ماجستير غير منشورة، جامعة اليرموك، إربد، الأردن.

جروان، فتحي عبد الرحمن. (1999). **الموهبة والتفوق والإبداع**. (ط1). الإمارات العربية المتحدة: دار الكتاب الجامعي.

الحارثي، إبراهيم بن أحمد مسلم. (2003). **نحو إصلاح المدرسة في القرن الحادي والعشرين**. (ط1). الرياض: مكتبة الشقري.

حداد، كوثر يوسف سلامة. (1993). **درجة فاعلية المدرسة الثانوية الأكاديمية الحكومية في الأردن**. رسالة ماجستير غير منشورة، الجامعة الأردنية، عمان، الأردن.

حسين، سلامة عبد العظيم. (2004). **اتجاهات حديثة في الإدارة المدرسية الفعالة**. (ط1). عمان: دار الفكر.

حماد، إبراهيم. (1995). **فاعلية المرحلة الأساسية في المدارس الخاصة في محافظة الزرقاء من وجهة نظر المشرفين التربويين والمديرين والمتعلمين**. رسالة ماجستير غير منشورة، الجامعة الأردنية، عمان، الأردن.

حيدر، يونس. (1999). **الإدارة الإستراتيجية للمؤسسات**. دمشق: مركز الرضا للكمبيوتر.

الخطيب، أحمد. (2006). **تجديدات تربوية وإدارية**. (ط1). عمان. الأردن: جدارا للكتاب العالمي للنشر والتوزيع.

الخطيب، أحمد. الخطيب، رداح. (2006). **استراتيجيات التطوير التربوي في الوطن العربي**. (ط1). اربد: عالم الكتب الحديث للنشر والتوزيع.

رمزي، عبد القادر هاشم. (1997). **في الإدارة المدرسية والإشراف التربوي**. (ط2). عمان: المكتبة الوطنية.

زويلف، مهدي حسن. (1996). **إدارة المنظمة نظريات وسلوك**. (ط1). عمان: دار مجدلاوي للنشر والتوزيع.

ستراك، رياض. (2004). **دراسات في الإدارة التربوية**. (ط1). عمان: دار وائل.

السرور، ناديا هايل. (2000). **تربية المتميزين والموهوبين**. (ط2). عمان: دار الفكر.

السيد، عاطف. (2004). **تكنولوجيا المعلومات**. القاهرة: دار طيبة للطباعة.

الشبول، منذر. (2002). **التجربة اليابانية في التطوير الإداري والتربوي**. رسالة المعلم، 41 (1-2)، 30-33.

شقير، زينب محمود. (2001). **رعاية المتفوقين والموهوبين والمبدعين**. القاهرة: مكتبة النهضة المصرية.

صائغ، عبد الرحمن بن أحمد. (1995). **مقياس فعالية أداء مدير المدرسة لأدواره المتوقعة**. حولية كلية التربية – جامعة قطر، 12 (12)، 279-330.

صالح، حسين. (2001). **جودة التعليم والمدرسة الفاعلة**. رسالة المعلم، 40 (4)، 120-136.

الصباغ، هاني عبد الرحمن صالح. (1986). **الإدارة التربوية والسلوك المنظمي**. (ط1). عمان.

صبحا، خولة. (1991). **تقييم فاعلية المدرسة الابتدائية وتحديد العوامل التي تميز بين المدارس الفعالة وغير الفعالة في مدارس عمان الحكومية**. رسالة ماجستير غير منشورة، الجامعة الأردنية، عمان، الأردن.

الصريصري، دخيل الله حمد والعارف، يوسف حسن. (2003). **الإدارة المدرسية**. (ط1). بيروت: دار ابن حزم.

الصوفي، عبد الله. (2002). التكنولوجيا الحديثة والتربية والتعليم. (ط1). عمان. الأردن: مؤسسة الوراق للنشر والتوزيع.

الطالب، أحمد. (2001). اثر برنامج "تطوير الإدارة المدرسية" على أداء مديري ومديرات المدارس في محافظة جرش. بحث مقدم لدورة الإدارة العليا، معهد الإدارة العامة، عمان، الأردن.

الطويل، هاني عبد الرحمن. (1999). الإدارة التعليمية ... مفاهيم وآفاق. (ط1). عمان: دار وائل.

عادل، زايد. (2003). الأداء التنظيمي المتميز. القاهرة: المنظمة العربية للتنمية الإدارية.

العبدالله، إبراهيم يوسف. (2002). رفع الكفاءة الإنتاجية للمؤسسة المدرسية. (ط1). بيروت: شركة المطبوعات للتوزيع والنشر.

العزام، دينا عبد الحفيظ أحمد. (2006). تقدير درجة فاعلية إدارة مدارس الملك عبد الله الثاني للتميز من وجهة نظر العاملين فيها. رسالة ماجستير غير منشورة، جامعة اليرموك، اربد، الأردن.

العزة، سيد حسني. (2002). تربية الموهوبين والمتفوقين. (ط1). عمان: الدار العلمية الدولية ودار الثقافة.

عطوي، جودت عزت. (2004). الإدارة المدرسية الحديثة مفاهيمها النظرية وتطبيقاتها العملية. (ط1). عمان: دار الثقافة للنشر والتوزيع.

عقل، أنور. (2001). نحو تقويم أفضل. بيروت: دار النهضة العربية للطباعة والنشر.

علام، صلاح الدين محمود. (2003). التقويم التربوي المؤسسي. (ط1). القاهرة: دار الفكر العربي للطباعة والنشر.

عماد الدين، منى مؤتمن. (2002). تقويم فاعلية برنامج "تطوير الإدارة المدرسية" في إعداد مديري المدرسة في الأردن لقيادة التغيير. رسالة دكتوراة غير منشورة، الجامعة الأردنية، عمان: الأردن.

عماد الدين، منى مؤتمن. (2004). **الإدارة على مستوى المدرسة**. مجلة التربية، 149 (33)، 146-160.

العمايرة، محمد حسن وأبو غرة، محمد خميس. (2004). **درجة فاعلية أداء مديري المدارس ومديراتها في منطقتي عين الباشا وجنوب عمان التعليميتين في القيام بأدوارهم المتوقعة من وجهة نظرهم**. مجلة جامعة دمشق، 20 (1)، 137-175.

الغريب، شبل بدران وحسين، سلامة عبد العظيم والمليجي، رضا إبراهيم. (2004). **الثقافة المدرسية**. (ط1). عمان: دار الفكر.

الفانك، سحر. (2003). **المدرسة التي نريد من وجهة نظر مديري ومديرات المدارس الثانوية والمشرفين التربويين في محافظة اربد**. رسالة ماجستير غير منشورة، جامعة اليرموك، اربد، الأردن.

كراسنة، أحمد نايف أحمد. (2003). **فاعلية تقييم الأداء في نظام الخدمة المدنية الأردني: دراسة ميدانية من وجهة نظر العاملين في وزارة الصحة**. رسالة ماجستير غير منشورة، جامعة اليرموك، اربد، الأردن.

وزارة التربية والتعليم، **مؤتمر التطوير التربوي الأول في الأردن**. (1987). عمان.

الماجدي، مزيد الضفيدع. (2003). **خصائص المدرسة الابتدائية الفعالة من وجهة نظر مديري ومعلمي محافظة حفر الباطن بالمملكة العربية السعودية**. رسالة ماجستير غير منشورة، الجامعة الأردنية، عمان، الأردن.

مجلة رسالة المعلم. (2006). المجلد (44)، العددين (2، 3)، حزيران.
بحث بعنوان" جائزة الملك عبد الله الثاني لتميز الأداء الحكومي والشفافية".

مجلة رسالة المعلم. (2001). المجلد الأربعون، العدد الرابع. ص 129-131.
بحث بعنوان" جودة التعليم والمدرسة الفاعلة".

مجلة رسالة المعلم. (2004). المجلد (42)، العددين الثاني والثالث، ص50.
بحث بعنوان" نحو تطوير الأداء في مدرسة متميزة".

المعمري، سيف بن سعيد بن ماجد. (2004). **فاعلية إدارة المدرسة الثانوية وتوجهات تطويرها في ضوء برنامج التطوير التربوي بسلطنة عُمان.** أطروحة دكتوراة غير منشورة، الجامعة الأردنية، عمان، الأردن،

المليحات، شحده سلمان عواد. (1993). **فاعليـة إدارة المدرسـة الثانويـة الحكوميـة في تنميـة المجتمع المحلي من وجهة نظر المـديرين والمعلمـين وأوليـاء الأمـور في مديريـة التربيـة والتعليـم لعـمان الكبرى الأولى.** رسالة ماجستير غير منشورة، الجامعة الأردنية، عمان، الأردن.

منسي، محمود. (2000). **التقويم التربوي ومبادئ الإحصاء.** الإسكندرية: مركز الإسكندرية للكتاب.

نشوان، يعقوب حسـين ونشـوان، جميـل عمـر. (2004). **السـلوك التنظيمـي في الإدارة والإشراف التربوي.** (ط2). عمان: دار الفرقان للنشر والتوزيع.

هوانه، وليد. (2001). **مدخل إلى الإدارة التربوية.** (ط3). الكويت: مكتبة الفلاح للنشر والتوزيع.

المراجع الأجنبية

Bencivenga, Anthony S. & Elias, Maurice J. (2003). **Leading Schools of Excellence in Academics, Character, and Social-Emotional Development.** NASSP Bulletin, 87 (637), 13-60. (ERIC Document Reproduction Service No.11720879).

Carney, Stephen.(2003). **Globalisation, Neo-liberalism and the Limitations of School Effectiveness Research in Developing Countries: the case of Nebal.** Vol. 1 Issue 1 page87.Retrieved 27/07/2005. from the World Wide Web: http://web11.epnet.com.

Dolton, Peter and Newson, David. (2003). **The relationship between teacher turnover and school per formance.** London Review of Education. Jul 2003, Vol. 1 Issue 2, p132. Retrieved 9/7/2006 from the world wide web:http:// web11.epnet.com.

Garber, Herbert. (2003). **World Class Schools: International Perspectives on School Effectiveness.** Dec 2003, Vol. 14 Issue4, page 463, Retrieved 27/07/2005 form the World Wide Web: http://web11.epnet.com.

Gene A. Brewer. (2004). **Dose Administrative Remormim Prove Bureaucratic pearformance? Acrosscontry Emperical Analysis.** Public Finance & management. Sep 2004, Vol. 4 Issue 3, p399, Retrieved (17/3/2005) From the world wide web: http://search .epnet.com.

Kristina M. Zierold, Sue Graman, Henry A. Anderson. (2002). **A Comparison of School Performance and Behaviors Among Working and Nonworking High School Students.** Vol. 28 page 214-224. Retrieved 27/07/2005. from the World Wide Web: http:// web11.epnet.com.

Kyriakides, Leonidas. (2004). **Educational Research and Evaluation.** April 2004, Vol. 10 Issue 2, p141-161, 21p, Retrieved 27/07/2005. from the World Wide Web: http:// web11.epnet.com.

National Association of Secondary School Principal (NASSP). (2004). **Principals Should Work to Redefine Schools.** Pro Principal, 16 (7), 2-10. (ERIC Document Reproduction Service No.12726827).

Orlosky, Donald E, et. al. (1984). **Education Administration today.** Ohio Beland Howell company.

Price, Anne. (2004). **Improving School Effectiveness.** British Educational Research Journal, Dec 2004, Vol. 30 Issue 6, P858-8 59, 2p. Retrieved 9/7/2006 from the world wide web:http://web11.epnet.com.

Swaminathan R. (2004). **It's My Place: Student Perspectives on Urban School Effectiveness.** March 01, Vol. 15, Number 1, pp. 33-63(31), Retrieved 27/07/2005. from the World Wide Web: http:// web11.epnet.com.

Wrigley, Terry. (2003). **Is 'School Effectiveness' Anti-Democratic?.** Vol. 51. Issue 2, page 89. Retrieved 27/07/2005. from the world wide web: http://web11.epnet.com.

Zimmerman, Judith A. (2005). **Making Change at a Junior High School: One principal's Sense of it.** American Secondary Education, 33 (2), 10-29. (ERIC Document Reproduction Service No.17087343).